DIE KATZE
AN DER KRIPPE

Andere Geschichten
für die weihnachtliche Zeit

Britta Grothues

Detlef Kuhn

Jürgen Kuhn

DIE KATZE
AN DER KRIPPE

Andere Geschichten
für die weihnachtliche Zeit

Patmos Verlag

INHALT

KALTZEIT UND
DUNKELNÄCHTE

Heute gerät mein Leben
in den Fokus

Heute betrachte ich mich
im Spiegel

Heute sehe ich mich
im Blick des anderen

Oh mein Gott!

DAS DIEBSGESICHT

Auf den Weihnachtsmärkten tummeln sich viele Menschen. Die meisten kommen mit guten Absichten und halten Ausschau nach Zeitgemäßem. In den Pausen essen sie Gebratenes und Gepudertes und trinken, mit beiden Händen eine Tasse haltend, Glühwein. Eine Duftwolke aus Zimt und Grillwaren liegt über allem. Ein Hauch von Weihnachten weht durch die engen Budengassen mit einer Ahnung von Frieden und Besinnlichkeit. Alle Religionen und Kulturen verbrüdern sich mit der globalen Kopfbedeckung in Rotweiß.

In der Nostalgie der Stände und ihrer Angebote scheint die Welt zu einer geheimnisvollen Ordnung gefunden zu haben. Wären da nicht jene Zeitgenossen, die nur darauf gewartet haben, dass die dichten Menschenmengen sich in unkontrollierbaren Körperkontakten von einem Ende zum anderen bewegen und dann wieder zurück. Da ist es für einen Meister ein Kinderspiel, den Ahnungslosen die Geldbörsen und Wertgegenstände aus den Taschen zu stehlen, als lägen sie nur so zum Mitnehmen bereit.

Einer von ihnen ahnte am Morgen dieses Tages noch nicht, dass es sein letzter Diebeszug werden sollte. Wie sollte er auch? Er war ein Könner, und sein Geschäft hatte überaus gut begonnen. Immer wieder musste er ein nahegelegenes Versteck aufsuchen, um dort die Beute abzulegen. Sein Trick war so einfach wie erfolgreich. Er hielt Ausschau nach einem Opfer, welches gerade dabei war, in der beschriebenen Art Glühwein zu trinken. Diese Beschäftigung nimmt die ganze Konzentration in Anspruch.

Dann eilte der Dieb hinzu, stieß den Glühweingenießer heftig an, sodass der Inhalt reichlich auf die Kleidung spritzte. Sofort bemühte er sich für kurze Zeit, unter Entschuldigungs-

bitten den Schaden zu beheben, und bemächtigte sich neben-
her des Objektes seiner diebischen Begierde. Schnell war er
dann im Menschengewimmel verschwunden. Nach einer Zeit
begab er sich dann wieder nach derselben Methode an die
Arbeit. Er war zufrieden. So vergingen die Stunden.

Für den Abend hatte er sich noch etwas Besonderes
vorbehalten. Den ganzen Tag über hatte er auf dem Weih-
nachtmarkt einen Kameratouristen bemerkt. Mit seiner Wert-
ausrüstung schien dieser nicht müde zu werden, alles und alles
zu fotografieren. Arglos zog er über den Platz. Es musste ein
Leichtes sein, an dieses Gerät heranzukommen. So war es dann
auch. Bei einem Glühweinstopp erwischte er es und zog mit
einem Stolzgrinsen nach Hause.

Ein guter Tag! Er freute sich auf die Bilanz seines Zuges.
So saß er schließlich in seiner Wohnung und zählte Geld und
Beutestücke. Er war sehr zufrieden und dachte schon an den
nächsten Tag. Zum Schluss nahm er die Kamera zur Hand. Zu
seinem Vergnügen wollte er die digitalen Geheimnisse touristi-
scher Unersättlichkeit genießen und versprach sich davon gute
Unterhaltung für den Abend. Schnell wärmte er einen Glühwein auf und stellte Weihnachtsgebäck dazu. Es wurde gemütlich. Noch eine Kerze anzünden, das Deckenlicht ausschalten,
und die Vorstellung begann.

Der Bildschirm seines Computers gab in hoher Auflö-
sung Bild für Bild gestochen scharf wieder. Aufnahme um Aufnahme entstand und ging weiter. Zu seiner Verblüffung waren
keine Gebäude oder Weihnachtsmarktstände aufgezeichnet.
Immer wieder tauchten Gesichter auf. Schrecken und Entsetzen
war ihnen aufgesetzt, Traurigkeit und Ratlosigkeit. Immer wieder sah er in Augen aus Empörung und Enttäuschung. Und mit
einem Mal begriff er: Das waren die Menschen, die er an

diesem Tag bestohlen hatte. Eine Bilanz aus Menschenleid reihte sich vor seinen Augen aneinander.

Zum Schluss kam ein Gesicht, von dem er sich schnell abwenden wollte. Ein Menschengesicht, welches in höchster Konzentration Habgier und Rücksichtslosigkeit widerspiegelte. Der scheinbare Tourist hatte alles von Anfang an mit seiner Kamera begleitet. Unbemerkt in seinem Ansinnen, hatte er das Bildprotokoll eines Raubzuges angelegt. Am Abend hatte er den letzten Diebstahl so provoziert, dass er seiner Gier nicht widerstehen konnte. Sprachlos starrte er in die Grimasse aus Unmenschlichkeit. Und ohne einen Zweifel erkannte er in diesem Diebsgesicht sich selber.

Da klingelte es. Es dauerte eine Weile, bis er sich erhob. Draußen stand ein Mann. Es war zu dunkel, um das Gesicht zu erkennen. Auch hatte er den Hut tief in das Gesicht gezogen. »Ich möchte meine Kamera abholen. Die Reinigung der Glühweinflecken übernehme ich.« Schweigend holte er das Geraubte und gab es zurück. Im Davongehen wandte sich der Fremde noch einmal um: »Hier sind die Adressen.« Wortlos übergab er einen verschlossenen Briefumschlag. Dann verschwand er in die Dunkelheit der Winternacht.

Jürgen Kuhn

Schneller, höher, weiter!
Zeit ist Geld, und Geld ist Macht!
Wie lange dauert das denn noch?

Mein Gott, jetzt mach schon!
Halte mich nicht auf!
Wie lange dauert das denn noch?

Stopp!
Nicht weiter!
Um Himmels willen!

Was wäre,
wenn du mich erhört hättest?
Mein Gott!

MEIN GOTT!

Seit Jahren war nichts mehr geschehen. Vom Winter bis zum Winter war das Jahr längst kürzer geworden. Auch das führte nur gelegentlich zu einem Kunststaunen. Bei irgendwelchen Treffen ohne Begegnungen ist die Geschwindigkeit der Zeit ein Trivialsektglashaltethema. Das ist das Wortgemurmel, das sich ohne Erklärung von dem einen weg- und dem anderen zuwenden kann. Das ist gut so. Denn so reichen die Kurzvorräte der Unterhaltung bis zur Buffeteröffnung. Doch nach der Entsorgung der Feinkostreste und dem Abbau der Dekoration läuft alles so weiter. Termine bedeuten keine Unterbrechung. Ereignisse sind keine Haltepunkte.

Tagsüber geschieht Eingeübtes. Nachts verstreicht die Zeit bis zum Wecksignal. Die alten Märchen haben ausgedient. Träume liegen abgelegt in alten Truhen. Zauberwesen sind vergessen und im Nebel entschwunden. Unersättlich hat der Markt alles Profitverheißende verschlungen und seinen Gesetzen angepasst. Engel wurden zu Werbeboten und führen die Existenz von Wasserläufern immer oberhalb der Wasserfläche. In den Kaltzeiten mit ihren Kurztagen erscheinen die Engel auf der Oberfläche einer Klanglichtinszenierung mit Pflanzenschmuck der Saison.

Ein Mann mit Zwangkaufgesicht lässt sich in die Polster eines Höherrangwagens fallen. Irgendwer wird irgendwas zu irgendeinem Anlass als Nutzloszwanggeschenk mit einem Innerlichgrollzwanglächeln entgegennehmen. Nach dem Abschied wartet schon das Wassollichdamitwegdamit. Die ganze Gesellschaft hat sich dem Zeittrend folgend ausgestattet. Es sieht aus, als wären sich alle einig. Der Mann startet das Auto. Seine Nerven sind gefordert. Zeit fehlt. Die Kraft des

Fahrzeuges kommt zur Entfaltung. Vorbei an der rituellen Fassade einer Stadt. In Ahnungslosigkeit bemühen sich Mensch und Maschine um Zeitausgleich. Bis zum Ziel ist es nicht mehr weit. Lediglich die Alltagsstecke in Steilserpentinen liegt noch vor ihm. Aber das ist kein Problem.

Da geschieht das Ärgerliche. Vor dem Mann und seinem Schnellgefährt tastet sich ein Langsamlaster um die Engkurven. Jedes Überholen, jedes Hupen, jedes Vollgas prallen am Rücken dieses Giganten ab und vergehen. Ungeduldig schlagen Hände gegen das Lenkrad. Mein Gott! Geht das nicht schneller? Bei Freibahn schafft er hier Rekordzeiten. Um Himmels willen! Wie lange dauert das denn noch? Da ist auch schon das Ende der Kurvenstrecke in Sicht und mit ihm der Fuß des Berges. Am Stoppschild tritt der Mann auf die Bremse. Der Lastwagen ist schon durch. Doch die Routinebewegung des Fußes geht ins Leere. Der Wagen gehorcht nicht und rollt in einen Seitenweg. Dort kommt er zum Stillstand.

Mein Gott! Das wäre das Ende gewesen. Um Himmels willen! In Normalgeschwindigkeit hätte er keine Chance gehabt. Mein Gott! Der Mann ist blass geworden. Großer Gott! Da wäre die Zeit zu Ende gewesen. Ein Abschleppdienst erledigt den Rest. Die Rechnung kommt später. Blass ist das Gesicht. Unsicher sind die Beine. Der Mann geht zu Fuß nach Hause.

Was ist eigentlich heute für ein Tag? In der Ranghöherwohnung findet er Zeitschmuck. Die Menschen dort grüßen kurz und leben weiter. Sie wissen nicht. Auf einem Tisch steht ein immergrüner Kranz. Von den vier Kerzen zündet er eine an. Irgendwann wird er den Menschen um sich herum alles erzählen. Um Himmels willen! Das wäre mein letzter und ist mein erster Tag. Mein Gott!

Britta Grothues

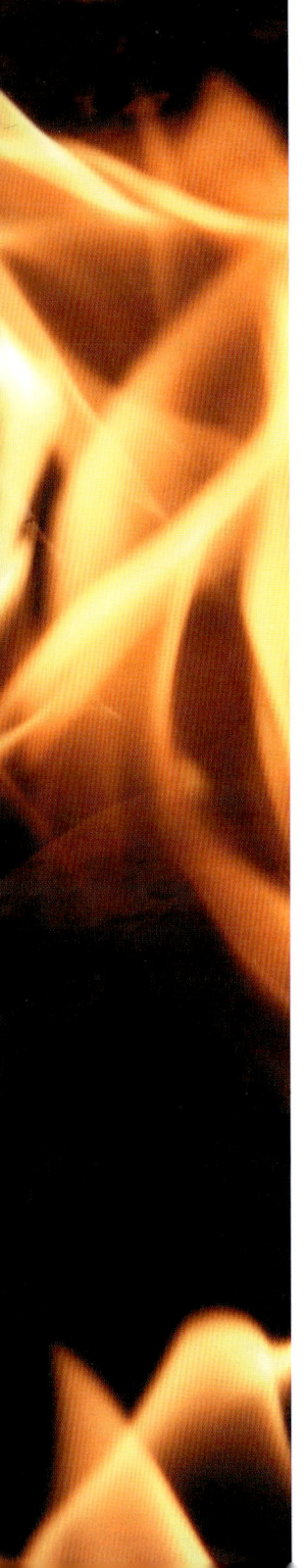

Was wird sein

Wenn sie quält

Wenn sie dröhnt

Wenn sie schmerzt

Wenn sie verspottet

Wenn sie beneidet

Wenn sie verhöhnt

Wenn sie hetzt

Wenn sie einschnürt

Wenn sie erdrückt

Wenn die Einsamkeit kommt

Was wird dann sein?

IM ADVENT

Im Advent ist es hinter dem Ofen so gemütlich, weil es draußen kalt ist. Aber nicht alle Menschen sitzen hinter gemütlichen Öfen; manche streifen ohne Heimat durch die Straßen. Das Licht aus den Häusern erzählt in die Kälte hinein von Geborgenheit und Wärme. Ohne den Schlüssel zu einem Eingang drückt der Kerzenschein die Stimmung und weckt die Sorge um die Unterkunft für die beginnende Winternacht. Drinnen klingen die Glocken und draußen klirrt der Frost.

Durch den Aufputz der Adventsstadt wanderte ein Einsamer durch sein Revier ohne Dach. Jeder Stein und jede Gasse waren ihm bekannt. Die Türen, die sich tagsüber öffnen, und die Stimmen mit den alten Beschimpfungen waren da und hatten geschlossen. Er war nicht faul. Aber das Leben war gemein. Gern hätte er alles heimgezahlt. Doch ohne Heim bleibt nur die Ratlosigkeit. Seine Traurigkeit geriet in Bewegung und veränderte sich zur Wut. Für ihn brannte keine Kerze. Die Plätze hinter den Adventsfenstern waren alle besetzt.

In dieser Nacht wollte er nicht in sein altes Kellerloch kriechen. Er war kein Tier. Er beschloss, in dieser Kälte warm und ohne Hunger durch die Stunden bis zum nächsten Morgen zu kommen. Er war kein Dieb. Aber er wollte sich das alles nehmen, was das Leben ihm verweigerte. Gelegenheiten gab es in dieser Stadt genug. Sein Plan stand fest. Zu allem entschlossen, strebte er einem ganz bestimmten Ziel entgegen. Die Kälte hatte nun auch seine Augen erreicht. Eben noch schmerzten seine Füße bei jeder Bewegung. Doch jetzt bebte der Boden unter ihrer Energie. Er kannte die Hinterhöfe und die unbewachten Eingänge. Er kannte die Kellertreppen und die Abstellplätze. Bisher boten sie ihm Unterschlupf für viele Nächte.

Noch nie waren seine Gedanken so vom Zorn bestimmt. Sein Revier hatte sich verändert. Es war zu einem Jagdgebiet geworden für einen Wolf, der auf Beute aus ist. Er war nicht faul. Auf seinem Weg durch die Einsamkeit hatte er eigene Gesetze aufgestellt. Er war kein Dieb. Gegen alle Sorgen der Heimatlosigkeit waren seine Gedanken gut geblieben. Auch die Unmenschlichkeit einer Nachtstadt hatte ihm die letzte Würde nicht genommen. Er war kein Tier. Er kämpfte gegen diese Erinnerungen und stellte sich die Ergebnisse seines Raubzuges lebendig vor Augen. Er bog gerade um eine Häuserecke. Da stieg Brandgeruch in seine Nase. Er blieb stehen. Seine Sinne waren gespannt. Gefahr lag in der Luft.

Die Adventsfenster waren gegen Kälte und Lärm und gegen Störendes verriegelt. Seine Nase schien die einzige in dieser Stadt zu sein, die Alarm geschlagen hatte. Seine Augen suchten die Häuserwände ab. Es dauerte nicht lange, bis er im Licht der Laternen den Qualm entdeckte. Er quoll aus einem Fenster in der zweiten Etage. Nun erkannte er hinter den Scheiben auch die Umrisse einer Person, die sich verzweifelt darum bemühte, das Fenster zu öffnen.

Er war kein Dieb. Alle Pläne waren vergessen, als er den Hilferuf der alten Dame vernahm. Mit der flachen Hand betätigte er gleichzeitig alle Schellen des Hauses und stürzte nach dem ersten Öffnen die Treppe hinauf. Er achtete nicht auf die Rufe wegen nächtlicher Störung und Unverschämtheit. Er wusste nur, dass er handeln musste. Er war ein Mensch.

Die alte Dame war nicht mehr in der Lage, die Tür zu öffnen. Da warf er sich mit aller Macht dagegen und rief beruhigende Worte in die Wohnung. Der Schaden war gering. Eine vergessene Adventskerze war schuld. Schnell war die Gefahr gebannt, und der Einsame von draußen stand der Einsamen von drinnen gegenüber. Er war nicht faul. Er begleitete die Dame mit dem weißen Haar zu ihrem Sessel und beseitigte mit wenigen Griffen die Unordnung. Als er gehen wollte, bat sie ihn, zu bleiben.

Der Advent kann so einsam sein, weil die Sinne aufmerksam werden. Er blieb auch. Das war kein neues Zuhause und auch nicht die Lösung seiner Fragen. Aber er hatte einen Menschen gefunden, mit dem er seine Einsamkeit teilen konnte, nicht immer, aber dann und wann.

Detlef Kuhn

Blicke voll Verachtung

Gesten voll des Spotts

Worte der Erniedrigung

Wie Stiche, wie Schläge, wie Wunden

Geprägt für's Leben

Befähigt zur Vergeltung

Prädestiniert zum Hass

Berufen zum Frieden

Erwählt zur Versöhnung

Erschaffen zur Liebe

DER BEFEHL

Am 2. Dezember eines kalten Jahres wurde Hundertklug geboren. Seine Eltern waren reich und gebildet. In der Gesellschaft glänzten ihre Titel und Auszeichnungen. Ihr Erscheinen wurde stets von Respektapplaus begleitet. Hundertklug hatte vier Geschwister. Die lebten schon lange vor seiner Geburt und waren in die Fußstapfen ihrer Eltern getreten. Ihr Auftauchen ließ die Leute lächeln. Mit ihnen gab es Bildungsunterhaltung und Eindrucksberichte.

Hundertklug war viel zu spät auf diese Welt gekommen. Immer wieder war das Ärzteteam zusammengekommen. Doch Hundertklug fand den Weg einfach nicht. Dann leiteten die Spezialisten alles ein, und Hundertklug erschien. Stumm erschien er. Es dauerte viel länger als sonst, bis er ein erstes Lebenszeichen von sich gab. Mit vereinten Kräften hatten sie sich darum bemüht und atmeten erleichtert auf, als Hundertklug endlich begriffen hatte. Er schrie. Ganz kurz nur, dann schlief er ein. Zu den Mahlzeiten mussten sie ihn wecken. Lange dauerte es, bis er die Kunst der Nahrungsaufnahme verinnerlicht hatte. Sorgenfalten beugten sich über sein Bett. Für Hundertklug war auf der ganzen Welt eben nichts selbstverständlich. Das blieb auch so.

Den Namen Hundertklug erhielt er irgendwann. Man musste ihm eben alles und alles hundertmal erklären. Vielleicht war es auch nicht gar so oft. Aber es schien so. Und deshalb nannten ihn alle den Hundertklug. Doch wenn er erst einmal etwas verstanden hatte, dann galt das für immer und wurde nie mehr vergessen. So verging die Zeit.

Am 3. Dezember eines bösen Jahres begann der Krieg. Hundertklug kam aus gutem Hause. Da zählte der Soldatendienst zur Familienehre. Über die guten Verbindungen seines Hauses erhielt Hundertklug bald den angemessenen Grad und damit auch den Befehl über andere junge Männer. In den gewissen Kreisen der Hochdekorierten schmunzelte man über ihn. Doch der Name seiner Herkunft bewahrte ihn vor offenem Spott. Außerdem war er stark. Und wenn man ihm nur alles immer und immer wieder erklärt hatte, erledigte er seine Aufgaben mit großem Geschick.

Die Tage vergingen und das Kriegsjahr blieb böse. Da erhielt Hundertklug an einem Dezembersonntag den Befehl, in einem nahegelegenen Dorf Vergeltung zu üben. Der Anlass für diese Maßnahme war nicht bekannt. Mit dem Befehl und seinen Männern machte sich Hundertklug auf den Weg. In Reih und Glied marschierten die Bewaffneten auf die Menschensiedlung zu. Ein Schneetreiben hatte eingesetzt. Der Wind pfiff ein kaltes Klagelied. Am Spätnachmittag erreichten sie das Ziel.

In dem Dorf lebten nur Kinder, Frauen und die Alten. Einige Männer waren auch da. Alle waren unbewaffnet. Mit den Gewaltzeichen der Macht drangen sie in die Häuser ein und trieben die Bewohner auf dem Platz vor der Kirche zusammen. Der Befehl forderte ihren Tod. Sie stellten sich auf zur Hinrichtung, als hätten sie es hundertmal geübt. Nun kamen auch die Bewaffneten. Unter den Helmen blickte Leben auf die Verurteilten. Hundertklug schritt die Reihe ab. Dann nahm er den eigenen Platz ein. Von dort sollte der Schießbefehl gegeben werden. Keiner durfte überleben. Danach sollten die Häuser und alle Gebäude in Flammen aufgehen.

Schon auf dem Hinweg hatte Hundertklug mehr als hundert Fragen gestellt und tausend Erklärungen gesucht. Aber es gab niemanden, der ihm geantwortet hätte. Er verstand nicht. Der Abend war nahe. Dämmerlicht lag über dem Platz. Die

Männer mit den Gewehren und dem Leben unter den Helmen blickten stumm in das Grau des nahenden Abends.

Da schritt Hundertklug noch einmal die Reihe ab und flüsterte jedem Einzelnen etwas ins Ohr. Ein kurzes Nicken war jeweils die Antwort. Dann nahm er wieder seinen Platz ein. In Befehlston knallten die Worte über den Ort. Feuer! Schüsse peitschten wie *ein* Ton. Dann war es still. Ein weiterer Befehl brachte die Männer wieder in Marschrichtung. Mit festen Schritten trommelten die Stiefel einen harten Rhythmus auf den Weg. Ohne einen einzigen Blick verließen sie das Dorf.

Die Dorfbewohner sahen ihnen lange nach. Sie alle lebten. Die Soldaten hatten einfach in den Himmel geschossen und waren im Winternebel verschwunden. Dann gingen sie wieder in ihre Häuser und zündeten Kerzen an. Es war Advent. Hundertklug aber ging an der Spitze seiner Gruppe. Da kam ihnen in wilder Fahrt ein Bote entgegen. Der Befehl war falsch. Ein Kriegszufall hatte falsche Worte zu einem falschen Befehl formiert.

Hundertklug nahm den neuen Befehl entgegen. Dann marschierten sie leicht weiter. Am Abend im Quartier zündete Hundertklug eine rote Kerze an. So viele Dinge gingen durch seinen Kopf. Es war Advent.

Detlef Kuhn

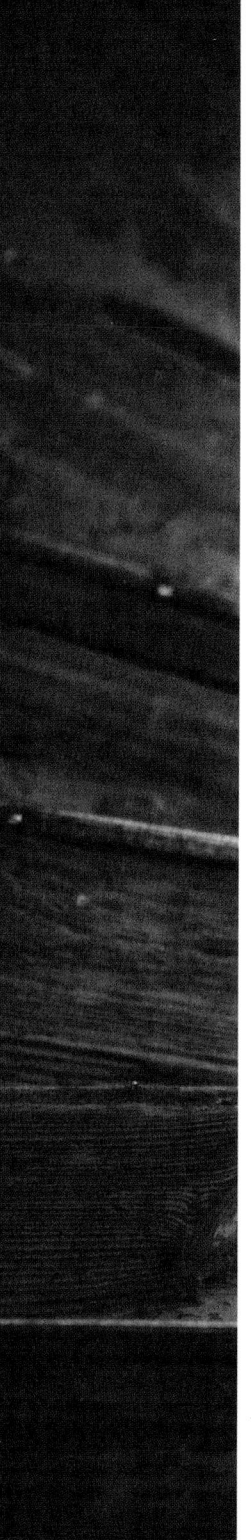

In einem
ganz normalen Leben
liegen ungeahnte
Geheimnisse
verborgen.

In einem
ganz normalen Leben
sind Möglichkeiten
ohne jede Zahl
verborgen.

In einem
ganz normalen Leben
liegt Gottes
Schöpfungskraft
verborgen

und steht allen offen.

DAS ALTE HAUS

In dem alten Haus wohnten schon viele Generationen. Das ganze Leben hatte sich mehrfach wiederholt. Es wurde weitergegeben wie ein Tag. Es war eben da. Und die Leute lebten eben dort. Schließlich war das Haus alt geworden. Die einzelnen Stockwerke waren durch eine Steiltreppe miteinander verbunden. Ein Holzgeländer sicherte den Sturz. Am Ende befand sich ein Rundknauf. Das Treppenhaus war nur schwach beleuchtet. Die Kinder durften dort nicht spielen. Das war aber die einzige Hausregel. Alle Hausbewohner wussten das. Eigentlich hatte es niemals jemand jemandem gesagt. Aber alle hielten sich daran. Die Kinder durften dort nicht spielen. Verließ einer aus dem Haus das Haus, schloss er die Holztüre hinter sich zu. Das machten alle. Das war keine Regel. Aber alle hielten sich daran. Es war wie in einer eigenen Welt. Das Verhalten schien angeboren. Das Haus gehörte immer den Bewohnern. Und die gaben es weiter. Das heißt, ihre Nachkommen blieben einfach dort und nahmen es fraglos in Besitz.

Das Haus ist gut. Dieser Satz wurde niemals ausgesprochen. Doch alle kannten ihn. Im großen Krieg war es jedem Angriff ausgewichen. Vor den Einquartierungen fremder Militärs hatte es sich verborgen. Darüber redeten sie nicht. Aber sie wussten es. Die alte Holzstiege am Geländer vorbei ächzte beim Betreten. Sie war alt geworden.

Am Anfang hatten gute Menschen dieses Haus gebaut. Es war der Sonntag Gaudete, als sie es bezogen. Und sie hatten einen guten Segen auf das Haus gelegt in Wort und Tat. Gaudete war ein Freudentag, und alle sagten: Dieses Haus ist gut.

Der dritte Sonntag im Advent ist voller Lachen. Er ist ein Tag der Freude. Doch das Haus war alt geworden. Ein Menschenwerk ist nicht gebildet für die Ewigkeit. An diesem Sonntag Gaudete war die Freude fort aus diesem Haus. Die Generationen hatten alle Regeln eingehalten. Die Kinder hatten nie im Treppenhaus gespielt, und jeder hatte stets die Türe fest verschlossen.

An diesem Sonntag Gaudete war der Brennstoff ausgegangen, und jede Speisekammer war geleert. Der Hunger fraß sich in die kalten Mägen. Bei jedem Wort entstanden Eiskristalle wie ein kalter Nebel. Die Kleidung war zu dünn. Die Armut wohnte längst zur Untermiete.

In Notzeiten können Hausbewohner viel erleiden und ertragen. Doch zu Gaudete waren alle Kräfte aufgezehrt. Die Ausgezehrten starrten ratlos vor sich hin. Die Kinder hatten längst die Tränenhoffnung aufgegeben. Kein Schrei, kein Bitten konnte Linderung erreichen. Die Haustüre stand schon seit Stunden offen. Wer einmal seinen Segen auf das Haus gelegt hatte, war nicht bekannt und in der Notzeit ohne eine Bedeutung. Und doch stand einer auf und schloss die Tür. Die Menschen hatten sich im Haus versammelt.

Wie immer an Gaudete trafen sie sich ohne Absprache im Treppenhaus. Mit schwacher Stimme trug der Älteste das Gaudete aus der Bibel vor, und alle wurden still. Als er das letzte Wort gesprochen hatte, brach er in sich zusammen und glitt kraftlos am Geländer jener alten Treppe bis zum Rundknauf ab. Da wollte er sich halten und riss doch im Fallen jenen letzten Haltepunkt aus seiner Halterung.

Erschöpft lag er am Boden, doch in seinen Augen glomm ein ungläubiges Staunen, welches in ein großes Freuen überging. Der Rundknauf hatte eine Öffnung freigegeben, und diese war bis an den Rand gefüllt mit Gold- und Silbermünzen. Das reichte für das Haus und für die ganze Straße. Das reichte für

Gaudete und noch viele Tage. Dann war der Spuk vorbei, und jede Not fand einen guten Schluss.

Das Haus ist gut. Den Rest verbargen sie an alter Stelle und füllten alles, Wert um Wert, im Lauf der Zeiten nach. Es wurden keine Worte mehr dazu gesagt. Und immer galt die alte Regel noch: Das Spielen ist im Treppenhaus verboten.

Detlef Kuhn

Was zählt?
Wenn alles auf dem Spiel steht?
Was zählt?
Wenn nichts mehr sicher ist?
Was zählt?
Wenn morgen alles anders ist?

Ich weiß es genau,
sagen die liebenden Augen.
Ich weiß es genau,
sagt das liebende Herz.

ZWEI BITTEN

Im Krieg ertragen die Menschen viel. Und sie rechnen mit allem. In schweren Zeiten reduziert sich die Hoffnung auf das Überleben. Maßlosigkeiten und Sonderwünsche werden einfach übergangen. Auf einmal gilt das Leben nicht mehr viel, an dem doch alle so hängen. An den Kriegsschauplätzen werden Opfer einkalkuliert. Das sollte sich zur Friedenszeit einmal einer erlauben! Und doch sind es dieselben. Nur brauchen sie keine Rücksicht mehr zu nehmen. Im Krieg gibt es keine Demonstrationen und keinen Widerspruch. Wenn die Unmenschlichkeit endlich das Wort ergriffen hat, schweigt die Vernunft.

Ein junges Paar, noch viel zu jung, um für den Wahnsinn eine Zeit zu geben, saß in der Winterzeit beisammen und gab sich Worte weit über den Krieg hinaus. Auf dem Tisch in der kleinen Küche lag der Gestellungsbefehl. Der Ofen in der Ecke erzählte von Wärme und Geborgenheit.

Der Zettel auf dem Tisch störte. Sie sahen einander an, und ihre Hände trafen sich über dem Brief. »Zwei Dinge wünsche ich mir nur.« Die junge Frau erhöhte sanft den Druck ihrer Hand. »Zwei Dinge werde ich von Gott in diesem Krieg erbitten.« Der Soldat sah in ihre Augen. »Dass du mir wiederkommst, und dass mir dieser Ofen dann noch steht.«

Ein viel zu kurzer Abschied, für den doch keine Zeit gereicht hätte, führte in eine kalte Ewigkeit. Sirenen spielten nächtliche Straßenmusik; und Bombentonnen zerstörten Städte, die von Menschenhänden für Menschen aufgebaut worden waren. Irgendein Militärrang berechtigte dazu, Vernichtung nach vorgeschriebenen Worten in die Welt zu brüllen. Ganze Welten hätten mit dem Reichtum errichtet werden können, der nun ganz im Dienst der Zerstörung stand. Was für ein Wahn, endlich ungestraft böse sein zu dürfen! Die dekorierten Schreihälse an den Fronten erfüllten und erdachten immer neue Befehle.

Ein Außenstehender kann das Geschehen eines Krieges nicht mehr unterscheiden. Gewalt ist überall, und Schmerzensschreie kennen keine Sprachbarriere. Auf einmal haben sie sich sattgetan. Sie verleihen sich gegenseitig Friedenspreise und gründen Kriegsgräbervereine. Ganz plötzlich ist das Wort des Friedens wieder heilig. Die graue Masse kann das nicht verstehen.

Doch aus der Asche dieses Krieges kommt der Soldat nach Hause. Die Spuren der Kriegsjahre liegen noch glimmend über den Trümmern. Der Gedanke an die Frau hat ihn ertragen lassen. Jetzt wankt der Mut. Kein Stein ist noch an vertrauter Stelle. Die alten Straßen sind nur schwer auszumachen. Er trägt die Frau in seinem Herzen, doch keine Nachricht sagt, dass sie noch lebt.

Dann biegt er um die letzte Ecke. Er kommt nach Hause. Ein Schrei aus tiefster Seele stürzt ihm da entgegen. Sein Name klingt unendlich oft durch die Ruinen. Da steht sie tränenüberströmt und weint und lacht und fällt ihm ungestüm um den Soldatenhals, dass beide auf den Boden stürzen und sich als freies Paar erneut erheben. »Er steht noch«, sagt sie. »Und die Mauer hinter ihm. Das ganze Haus ist eingefallen!« Sie ruft ein Dankgebet weit in den Himmel. »Nur die Mauer und der Ofen stehen noch. Und jetzt bist du zu Hause.«

Detlef Kuhn

STERNENSTAUB UND
HIMMELSLICHTER

Durch Wüstentage und Kältenächte
Durch Durst und Hunger
Durch Ungeduld und Ungewissheit
Durch Hoffnungslosigkeit
und Verzweiflung
Unbeirrbar unterwegs

Geleitet von einer Sehnsucht
Ergriffen von einer Verheißung
Erfüllt mit einer Freude
Menschen auf dem Weg
Damals und heute

Menschen auf dem Weg
Zu ihm

IN DER WÜSTE

In der Wüste ist alles anders. Tagsüber brennt die Sonne in glei-
ßendem Weiß und erweist sich als uneingeschränkte Herrsche-
rin. Am Abend beschenkt sie das Land mit betörenden Farben
und überlässt der Nacht die Macht der Finsternis und der Kälte.

Über den Boden aus unzähligen Sandkörnern zogen sich
Spuren. Unter dem Himmel mit unzähligen Sternen brannten
Feuer. Gedanken irrten zueinander und verloren sich wieder
über den Horizont hinaus. Im Feuerofen des Tages schmolzen
sie dahin. Im Kühlkeller der Nacht erstarrten sie in sich.

Der Wind verwehte ihren Weg. Vor ihnen lag eine unberührte Richtung. Tücher verhüllten ihre Gesichter. Einzig die
Augen lagen frei. Voraussehbar entfachte der Morgen das Licht
des Tages. Zur bekannten Zeit bereitete der Abend den Nacht-
stunden das Lager. Die Himmelslichter zogen ihre festgelegten
Bahnen.

Der Durst schrie nach Wasser und der Hunger forderte
Nahrung. Unberechenbar war eine Ahnung. Eine Unsicherheit
in ihren Berechnungen hatte sie in die Wüste getrieben. Ein
Lichtstreifen im Verlies ihrer eigenen Gesetze ließ sie nicht
mehr zur Ruhe kommen. Sinnlos peinigte die Folter aus Ent-
behrungen ihre Sinne. Der Reim ihres Aufbruchs fand keine
klingende Harmonie. Ungeduldig hämmerten die ewigen Fragen gegen verschlossene Tore. Der wohlgeplante Weg führte zu
keinem Ziel. Im Anwachsen der Strapazen wuchs die Versu-
chung aus Hoffnungslosigkeit und Verzweiflung.

Der Ort ihrer Reise stellte sie immer wieder auf eine
neue Probe. Nach Tagen zermürbender Wüstenwanderung
erblickten ihre Augen die eigenen Spuren. Der sichere Rückzug
verlor sich in den dahinziehenden Dünen. Die Widernisse der

Zeit schienen die Klarheit ihrer Gehirne zu ersticken. Am Abend nach verlorenen Ewigkeiten fiel die Entscheidung. Der sinnliche Ballast aus Schmerzen und Leiden rief zur Rebellion gegen die allwissende Ordnung. Ein grundsätzliches Misstrauen hatte die Bestimmung übernommen. Die Wärme des Feuers war verdächtig geworden. Die Kälte der Nacht entblößte sich zur eisigen Gegnerin. Die Wohltat des Wassers schmeckte nach Heuchelei und Verrat. Die letzten wachen Gedanken hatten zur Inquisition gegen die Sinne gerufen. Das Auseinanderlaufen war eine Frage der Zeit. Die Zeit aber war reif. Und in dem Augenblick der Verzweiflung streifte ein Silberschweif die Erde. Es wurde still in der Wüste und in ihnen. Nur das Pochen ihrer Herzen durchtönte die Stille.

Die Kälte erzählte von der Wärme und der Hunger schmeckte nach Gemeinsamkeit, der Durst kostete den Traum des Lebens und die Angst fühlte eine Sehnsucht nach Geborgenheit. Die Sinne entdeckten jenen großen Sinn und schlossen eine neue Allianz. Sie alle konnten ohne einander nicht leben. Sie reckten ihre Hände nacheinander und fühlten sich am Ende ihrer Suche. Die Sandkörner ohne Zahl und das unfassbare Funkeln am Himmel raunten eine alte Verheißung.

Die geheimnisvolle Wirklichkeit dieser Nacht hatte sie untrennbar zusammengeführt. Die Liebe hatte sie ganz sanft berührt und einen neuen Bund geschlossen. Da wussten sie, dass er geboren war, und zogen unbeirrbar los zu einem Stall. Dort fanden sie den Stern, ein Kind, und fielen nieder, um es betend anzunehmen.

Britta Grothues

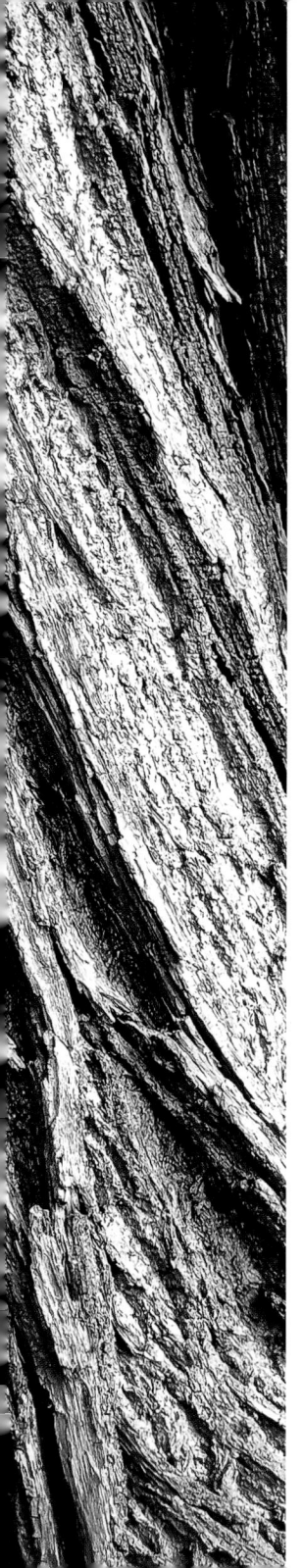

Wo eine Schuld erdrückt
Wo eine Last quält
Wo eine Tat fesselt

Wird jeder Schritt zur Flucht
Wird jeder Blick zum Verdacht
Wird jedes Wort zum Argwohn

Bis eine Begegnung verändert
Bis ein Augenblick befreit
Bis ein Wort losspricht und erlöst

FINSTERBLICK

Auch die Zeit kann nicht alle Wunden heilen. Und das entscheidende Wort kann sich niemand selber sagen. So trieb es ihn durch die Welt. Gern hätte Finsterblick das Vergangene ungeschehen gemacht. Doch jeder Tag stellte ihm neu die Schuldlast vor Augen. Dunkelwolken lagen auf seinem Gemüt. Kein Land nannte er seine Heimat. Keine Stadt wurde für ihn ein Zuhause. Finsterblick war da gewesen und dorthin weitergezogen.

In der Nacht durchzogen Erinnerungen seine Träume. Sein Kurzschlaf gewährte ihm keine Ruhe. Die Zeit spielte keine Rolle. Waren Monate seitdem vergangen? War es schon Jahrzehnte oder Jahrhunderte her? Wie oft mochte er den Erdball umwandert haben?

Finsterblick kannte keinen Augenblick des Friedens in seinem Leben. Schuldbilder verstellten seinen Blick für die Freiheit. Selbstbezichtigungen verschlossen das Herz für die Weite. Einzeltaten zählten nicht. Nur das Eine galt. Ein einziger Tag führte in die Nacht ohne Morgen. Die Verzweiflung wollte nicht ermüden. Sein Gesicht fand keine Entspannung.

An einem Grautag begegnete Finsterblick dem Roten. Der war noch ohne Geschichte und hörte noch das Echo seiner Tat. Er wollte alles richtig machen. Und alles war so falsch geraten. Ein Strick, ein Baum sollten ihm die Wahrheit ersparen. Ein Strick, ein Baum sollten seine Ehre retten oder irgendwie Gerechtigkeit erwirken. Ein Strick, ein Baum sind keine Freunde.

In diesem Augenblick kam Finsterblick des Weges und nahm ihn mit. Der Rote erkannte sich in seinen Augen wieder. Den Strick nahm er als Gürtel ohne Bedeutung. So gingen sie lange ohne Worte. Doch wussten sie um ihre Notwendigkeit.

Und gegen Abend brach es gegenseitig aus ihnen hervor. Die ewige Schuld strömte in einer Tränenflut in ein Meer von Verstehen und Erleichterung. So erreichten sie auf ihrem Weg ein Dach für die Nacht. An einem Ort aus Vergessenheit und Zerfall fanden sie eine Ecke und Stroh für ihre Schlaflosigkeit. Sie offenbarten einander und schwiegen schließlich vor der Wucht ihrer Vergehen. Sie hatten sich in ihre Vergehen verirrt und fanden keinen Ausweg.

Doch am Morgen war der Aufbruch leichter. Leute waren dazugekommen. In Not und Sorge fragten sie um eine Bleibe unter jenem Scheunendach. Im Gehen hielt der Rote inne. Entsetzen sprühte aus seinen Augen. Der Deckenbalken lag zum Einsturz jäh bereit. Ein Atemhauch hätte zum Unheil geführt und ohne jeden Zweifel die Neuankömmlinge getötet und begraben. Ohne den Baum bekam der Strick eine neue Bedeutung. Der Rote schlang ihn um das Holz und gab der Unterkunft so neuen Halt.

Dann gingen sie, der Rote und der Finsterblick. Die Tränen der Nacht schienen eine Last davongespült zu haben. Ihr Gang war leicht. Da sah der Rote dem Finsterblick ins Gesicht und entdeckte Erlösung. »Wer bist du?«, fragte er in einer neuen Freiheit. »Ich heiße Kain. Und wie nennt dich die Welt?« »Ich bin der Judas, der Ischariot!«

Jürgen Kuhn

Bisweilen ändern sich
die Dinge plötzlich
und von Augenblick
zu Augenblick

Bisweilen ist es
dann
von einem Augenblick
zum nächsten Augenblick
zu hell
oder
zu dunkel

Bisweilen sind
der Geist und der Verstand
gefordert –
menschlich und gesund

Bisweilen kommt es
darauf an
dass alle Sinne
ihre Kunst erweisen
und so dem Leben
gute Richtung geben

DER LICHT-AN- UND -AUSMACHER

Irgendwann und irgendwo auf dieser Erde wird immer irgendein Licht angemacht oder ausgemacht. Schon seit unvordenklichen Zeiten geht das so. Kurz nach dem Aufwachen macht irgendwer ein Licht an. Kurz vor dem Einschlafen macht irgendwer ein Licht aus.

Es gibt die verschiedensten Lichter. Und diese verschiedensten Lichter haben wiederum die verschiedensten Aufgaben. Und diese verschiedensten Aufgaben geschehen an den verschiedensten Orten. Und an den verschiedensten Orten leben verschiedenste Menschen. Und sie alle lassen es irgendwann und irgendwo hell oder dunkel werden.

Aber es gibt auf dieser Welt auch Gegenden ohne Licht. Da ist es immer dunkel und sehr gefährlich. Es gibt auf dieser Welt sogar unversorgte Lichter. Die brennen ohne Sinn einfach vor sich hin. Nun gibt es auf dieser Welt auch helle und dunkle Zeiten. Die wechseln einander ab in der Wanderung des Jahres.

Auf einer Wanderung war auch die Bäuerin mit ihrem Kind. Es war in den Bergen in den Monaten der frühen Dunkelheit. Längst sollte das Ziel erreicht sein. Der Weg war beschwerlich und führte vorbei an Abgründen und Sturzbächen. Ganz behutsam tastete sich die Frau Schritt für Schritt durch die Finsternis. Nicht einmal die Hand konnte sie vor den Augen erkennen. Der Rosenkranz glitt durch ihre Arbeitshände. Das Kind blieb hinter ihr und umklammerte den Gürtel ihres Mantels.

Bedrohlich war das Tosen des Wassers aus der Tiefe. In der Schwarznacht wirkte es wie ein Fangzauber. Manchmal stürzte ein Stein vom Engweg in die Wasserschlucht. Da blieb die Frau stehen. Sie hatte das Vertrauen in das Vertraute verloren. Im

Tageslicht kannte sie jeden Stein. Doch in der Finsterstunde blieben Freunde fremd. Winterkälte schlängelte sich durch zur Haut. Angst legte sich kalt auf das Herz.

Da trat der Junge vor und führte sie. Hintereinander setzten sie den Weg fort. Der Junge hatte seinen Augen eine Sehpause gegönnt. Dafür waren seine Ohren aufgerufen. Auch die Nase war zum Nachtdienst eingeteilt. Ebenso waren die Tastkunst der Hände und die Behutsamkeit der Füße aufgestellt.

Da wurde das Wildwasser zum Wächter. Es machte auf sich aufmerksam und bewahrte vor der Absturznähe. Das Moos an der Steilwand markierte die Richtung. Die Wegsteine hemmten den Schnellschritt. So hielten die Sinne dem Jungen die Treue. Sicher erreichten sie das Warmhaus. Nun sahen die Augen wieder und dankten den anderen. Sie alle waren nur die Ratgeber. Die Mitte aber hatte verstanden und Licht werden lassen.

Die Mutter sah den Sohn mit Mutteraugen an. Er wird wohl der Licht-An- und -Ausmacher werden und diese Weisheit dann an seine Kinder weitergeben für Generation um Generation. Es kam auch so. Und wer ihn sucht, kann täglich von ihm lernen.

Britta Grothues

Die sanfte Nähe trotzt der Kälte –
jeder Mensch
trägt in sich
einen Schatz
von unbekanntem Ausmaß
und unschätzbarem Wert.

Wenn der Augenblick
gekommen ist,
tritt auf
geheimnisvolle Weise
Ungeahntes an den Tag.

Was dann geschehen
kann und plötzlich
da ist,
bringt ihn selbst
und andere
ins Staunen.

JAVRAGANAK UND MÁNIK

An einem guten Tag benötigt ein erfahrener Jäger für den Bau eines Illuigaq gut eine Stunde. Er schneidet rechteckige Eisblöcke aus dem Boden und schichtet sie spiralförmig aufeinander. So entsteht in kurzer Zeit ein sicherer Kuppelbau. Gegen den scharfen Wind im Norden Kanadas schützt ein tunnelartiger Windfang. Zuletzt wird eine durchsichtige Eisplatte als Fenster eingesetzt. Diese Kunst ist uralt und wird von Generation zu Generation weitergegeben.

Die Vorfahren der Inuit waren vor 6000 Jahren über die Beringstraße gekommen und breiteten sich am Nordrand des nordamerikanischen Kontinents ostwärts aus. Mánik und Javraganak gehörten zu den Ersten, die um das Jahr 3000 vor Christi Geburt Nordkanada erreichten. Mánik wusste, dass ein Mann nicht allein leben kann. Er brauchte eine Frau für das Haus und für die Nähkunst mit Fellen und Häuten.

Auch Javraganak brauchte einen Mann, der für sie jagte und irgendwann sie und ihr Kind ernähren konnte. So hatten sie zueinandergefunden und waren glücklich miteinander. Die Glut ihrer Liebe war stärker als der arktische Winter. Sie hatten für eine Zeit die Sippe verlassen und zogen gemeinsam durch das Eisland. Nun aber waren sie unterwegs zum Iglu ihrer Heimat. Sie wollten wieder mit den anderen leben und feiern und tanzen und erzählen.

Javraganak erwartete ihr erstes Kind. Der Tag der Geburt stand kurz bevor. Da machte sich Mánik auf zur Jagd. Seine Frau sollte gestärkt sein mit frischem Fleisch. So zog er davon. In der Schneewüste ist die Erfahrung lebenswichtig. Der Jäger kannte die Eislöcher der Robben. Er musste nur darauf warten, dass sie aus ihren Unterwasserhöhlen zum Atemholen auftauchten. Das forderte Geduld und Geschick. Manchmal dauerte es Stunden oder gar einen ganzen Tag. Gegen die arktische Kälte schützte ihn die Kleidung aus Tierfellen und Vogelbälgen. Es gab die Innenkleidung mit den Fellhaaren nach innen und die Außenkleidung mit den Fellhaaren nach außen. Nur so konnte er den Naturgewalten trotzen.

Die Frau blieb zurück. Die Stunden gingen ins Land. Von einem Punkt an fühlte Javraganak, dass die Wartezeit vorüber war. Ihr Mann hätte längst zurück sein müssen. Sie wusste aber auch, dass sich ihr Kind deutlich ankündigte. Dennoch spannte sie die Hunde vor den Schlitten. Sie kannten den Weg des Jägers.

Javraganak wusste, in welche Gefahr sie sich und ihr Kind brachte. Doch sie fühlte, dass ihr Mann in Not war. Sie hoffte, dass der kleine Inuit erst nach ihrer Rückkehr den Polarhimmel erblicken würde. Doch es kam anders. Im eisigen Wind brachte sie ihr Kind zur Welt. Der Sturm übertönte die Schmerzensschreie und verkündete das Todesurteil. Als alles vorüber war, ging sie weiter. Sie hatte getan, was getan werden musste, und gab den Hunden den Befehl zum Aufbruch. Wieder verging eine Zeit aus Sorgen und Suchen. Dann hatte sie ihn gefunden.

Mánik lag neben einem Eisloch. Die Natur ist unbarmherzig und fordert ihre Opfer. Doch Javraganak hatte das Herz einer Bärin und war nicht bereit, aufzugeben, was ihr gehörte. Sie beugte sich über ihren Mann und spürte Leben. Mit geübten Griffen holte sie ihn von einem Weg zurück, den zu begehen sie noch für zu früh erachtete.

Da schlug er die Augen auf und blickte in die Augen seiner Frau. Im gleichen Augenblick tauchte der Kopf einer Robbe auf und wurde zur leichten Beute. Fest aneinander geschmiegt, wärmten sie sich und stärkten sich mit dem Geschenk der Arktis.

Was ist mit dem Kind? Der Mann sah die Frau besorgt an. Die aber lächelte in einem Glück, welches nur diesem Augenblick gehört. Es geht ihm gut! Der Mann sah sie fragend an. Und mit einem schelmischen Lächeln und einem herrlichen Stolz ließ sie ihren Mann einen Blick in die riesige Kapuze ihres Anoraks werfen, leise und behutsam. Dort lag geborgen und gesund ihr Kind.

Javraganak hatte in der Abwesenheit des Jägers, eher einem Instinkt folgend und gegen jeden Brauch, den Außenanorak mit einer fellwarmen Kapuze versehen. Sie war so stolz und so glücklich. Und hätten die Hunde nicht zum Aufbruch gemahnt, dann hätten sie noch lange dagesessen. Noch heute tragen die Inuitfrauen in den ersten Monaten ihre Babys in den Kapuzen, und die wenigsten von ihnen wissen noch um Javraganak und Mánik.

Britta Grothues

Die gottverfasste
Geschichte der Kirche
und der Christenheit
lässt alle
bunten Heldentaten
aus Prunk und Macht
und Ehrungen
links liegen
Sie lässt die Zahlen
aller Päpste
aller Könige
und Kreuzzüge
zum Staunen vieler
unbeachtet
Sie zählt
die Liebe unter Menschen
Sie zählt die Taten
aus Barmherzigkeit
Sie zählt
den liebevollen Aufstand
einer ewig
Frohen Botschaft

AM ABEND DES 24. DEZEMBER 1632

Am Abend des 24. Dezember des Jahres 1632 wütete ein Eiswinter. Der Dreißigjährige Krieg hatte die religiösen Anlässe längst vergessen lassen. Der Westfälische Friede war noch lange nicht in Sicht. Bis zu seinem Tag mussten noch 16 Blutjahre über das Land ziehen. In diesem Wirrwarr aus Intrigen und Machtkämpfen zählte das Leben eines einzelnen Landsknechts wenig. Es bedeutete gar nichts.

König Gustav Adolf von Schweden war aus Furcht vor dem erstarkenden Habsburger Kaiser Ferdinand II. aufgebrochen, hatte auf protestantischer Seite in den Krieg eingegriffen und fiel in eben diesem Jahr in der Schlacht bei Lützen. Der Heerführer Albrecht von Wallenstein hatte durch seinen persönlichen Einsatz die Katholiken zwar gestärkt, doch mit ihnen gleichzeitig den politischen Rivalen Frankreichs, Deutschland. So verfolgte der französische Kardinal und Minister Richelieu im eigenen Bereich die Protestanten und bemühte sich gleichzeitig um den Sturz des katholischen Widerparts innerhalb der deutschen Grenzen. So viele Ereignisse wären noch zu berichten.

Doch kein Geschichtsbuch erzählt von dem jungen Soldaten auf dem Schlachtfeld bei Lützen in der Nähe von Mainz am Abend des 24. Dezember. Damals gab es noch keine Adventskränze und auch keine Weihnachtsbäume. Ein Dreißigjähriger Krieg löscht Namen und Erinnerungen aus. Wer weiß, an welchem Tag und zu welcher Stunde es wirklich geschah. Es muss aber der 24. Dezember gewesen sein. Da lag dieser junge Soldat in der Kälte und blutete. Er wusste nicht, aus welchem Grunde irgendein anderer junger Soldat ihn so verletzt hatte. Er wusste nur, dass er dalag und vor Schmerz und Kälte in eine unbarmherzige Leere schrie. Es war eine leidende Verbrüderung von Verwundeten. Auf dem Schlachtfeld gelten am Abend keine Unterschiede mehr.

Doch dann geschah in dieser Heiligen Nacht etwas Unerhörtes. Aus der Dämmerung heraus erkannte der junge Mann die Umrisse von Menschen. Er hörte Stimmen, anders als das Kriegsgeschrei. Es waren Stimmen voller Wärme und Barmherzigkeit. Es waren Frauenstimmen.

In dieser Nacht waren Frauen auf das Schlachtfeld gekommen und kümmerten sich um die Verwundeten. Als sie ihn erreichten, war Weihnachten. Sie verschenkten ihre Menschlichkeit in einer Zeit und an einem Ort ohne Gnade. Er durfte leben. Sie versorgten seine Wunden und gaben ihm zu essen. Sie blieben bei ihm. Sie waren die ersten Frauen, die sich auf die Schlachtfelder aus Gewalt und Blut wagten.

Als er sie nach ihrem Namen fragte, erfuhr er, dass sie die Barmherzigen Schwestern genannt wurden. Ein französischer Pfarrer hatte sich das ausgedacht. Er war im Jahre 1581 in Pouy geboren worden. Als er die Frauen zu den Armen aussandte, sagte er, den man noch heute den Vinzenz von Paul nennt: Lieben wir Gott, aber es sei auf Kosten unserer Arme und im Schweiße unseres Angesichtes.

Detlef Kuhn

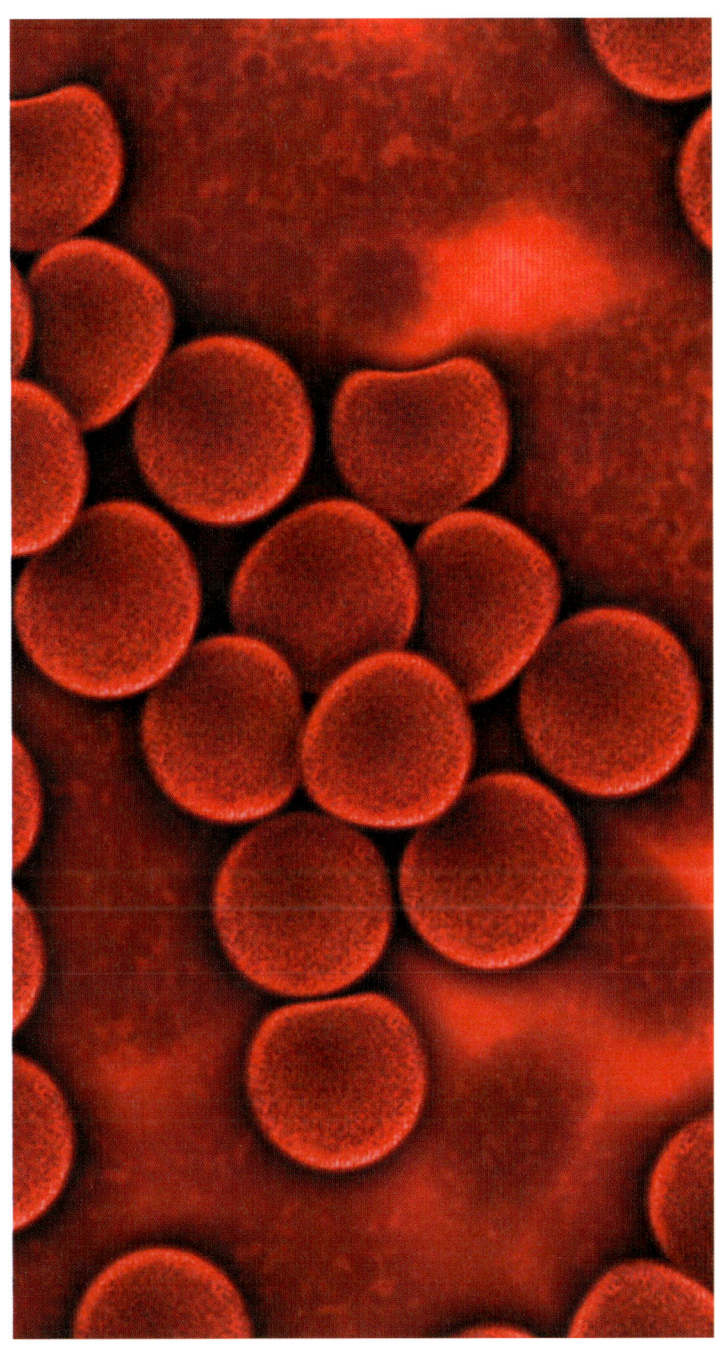

In leisen Schritten
durch die
Märchenwelt
mit träumenden
Sinnen –
eine Wirklichkeit
erahnen
voller Zauber
voller Weisheit
voller Wesen
aus dem weiten Land
der raunenden Stimmen
im Wunderlicht
aus Sternenstaub
und Wetterleuchten.

WALDWESEN

Der Zwerg konnte sich in eine Eule verwandeln. Das wussten aber nur die Hexe und zwei andere Zwerge. Der Zwerg benutzte diesen Zauber jedoch nur selten. In der Schneezeit sprach er an bestimmten Tagen und zu bestimmten Zeiten die Formelworte und schwebte im Federgewand über die Wintertäler und über die eisbedeckten Wipfel der Waldbäume.

Für einen Menschen oder manch andere Wesen wäre das ein schöner Zeitvertreib zum Spaß gewesen. Doch Zwerge sind ernst und unternehmen niemals etwas einfach nur so. Die Hexe wusste das und die beiden anderen Zwerge auch. Sonst hätte der Zwerg wohl nie in seinem sehr, sehr langen Leben auch nur ein einziges Mal Eulengestalt angenommen.

Im Wald hat alles eine Bedeutung, und alles hat eine Geschichte. In der Sonnenzeit sammeln sich die Großmenschen an bestimmten Tagen im Reich der Bäume und gehen umher. Erst am Abend kehren sie heim in ihre Steinhäuser. Doch in der Schneezeit wird es leise. Da können die Waldwesen ungestört umherstreifen und einander begegnen. In einer Funkelnacht kreuzten sich die Wege von Zwerg und Hexe. Die Hexe hatte einen Engel gefangen. Der hatte sich verirrt und war der Hexe schnurstracks in die Arme geflogen. Der Engel hatte alles vergessen. Er kannte weder sein Ziel noch seine Aufgabe.

Es war sein erster Engelauftrag. Das kann geschehen. So war er – gegen jeden Engelbrauch – müde und unachtsam geworden. Dann hielt die Hexe ihn in ihren Armen. Die langen Dunkeltage lassen den Wald einsam werden. Da muss jeder Waldbewohner auf der Hut sein. Sonst vergisst er alles. Die Hexe war nicht auf der Hut gewesen. Niemals hätte sie das Waldgesetz gebrochen und einen Engel gefangen. Doch der

Engel hatte vergessen, dass er ein Engel war, und die Hexe hatte vergessen, dass sie eine Hexe war. Sie wollte den Engel in den Hühnerstall sperren und bei sich behalten. Vielleicht konnte er ihr von Nutzen sein. Und der Engel dachte an einen warmen Hühnerstall und an ein Dach über dem Engelskopf.

Der Zwerg aber und die beiden anderen Zwerge zogen in dieser Nacht durch den Wald. Sie führten weise Gespräche und waren darauf bedacht, nichts zu vergessen. Da sahen sie die Hexe und den Engel. »Es ist ein Schutzengel«, sagte der Zwerg zu den beiden anderen. »Ja, es ist ein Schutzengel«, stimmten die beiden anderen dem Zwerg zu. Da zeigten sich die drei Zwerge der Hexe und stellten sie zur Rede.

Der Engel war schon in den Armen der Hexe eingeschlafen und träumte von einem warmen Hühnerstall. Mit strengen Worten erinnerte der Zwerg an die Gesetze und an das Vergessene. Die Hexe erbleichte bis in die Spitze ihrer langen, gebogenen Nase. Als trüge sie Feuer in ihren Armen, ließ sie den Engel fallen. Sie jammerte und jammerte und warf die Arme immer wieder in die Luft, als wollte sie die Sterne zu Hilfe holen.

Der Engel aber war auf den Waldlaubboden gefallen und aufgewacht. Wie ein Blitz traf ihn der Zwergenblick und rief alle Erinnerungen ins Leben. Schnell brach er auf und ließ nur einen sanften Sternenstaubregen nach Engelart zurück. Die Hexe aber stand zitternd vor dem Zwerg und wusste weder ein noch aus.

Du darfst nie mehr vergessen, wer du bist. Dreifach traf sie das Zwergenwort. Zwerge sind verschwiegene Waldwesen und meiden das schnelle Spiel der Lippen. Sie versprachen der Hexe Stillschweigen. Zum Dank schenkte die Hexe dem Zwerg den Eulenzauber.

So konnte er in der Schneezeit über die Täler und Wipfel schweben. Und wenn im Walde irgendwer etwas Wichtiges vergessen sollte, konnte er zur Stelle sein, um Schlimmes zu verhindern. Denn wenn das Ich sich selbst vergisst und seinen Sinn nicht mehr vermisst, wächst Unheil auf in böser List. Doch wenn die Schneezeit kommt und die Sonnenwende bevorsteht und der ganzen Welt eine Ahnung gibt von dem großen Licht, das in die Welt gekommen ist, dann streift die Zwergeneule weit umher und bringt Erinnerung.

Britta Grothues

LICHTBLICKE UND LEUCHTZEICHEN

Wenn mehr zurückliegt

als noch kommt

Wenn mehr gegangen sind

als noch erwartet

Wenn alle Sternstunden durchwacht

Wenn alle Abenteuer bestanden

Was wird dann bleiben?

Was wird dann gelten?

Was wird dann sein?

Danach

DER OCHSE

Als die Heilige Familie den Stall auf der Flucht vor dem König Herodes verlassen hatte, blieb nur der Ochse zurück. Die Schafe waren wieder bei den Hirten mit den Hunden, und der Esel trug die Mutter mit dem Kind. Die Heilige Nacht war vorbei. Nun war der Stall zu Betlehem sehr leer und einsam. Nicht einmal ein kleiner Engel war zurückgeblieben.

Der Ochse hätte es gern mit dem Esel und dem Kind in der Krippe noch lange ausgehalten. Auch wenn seine Nase von dem vielen Wärmehauchen ziemlich trocken geworden war. Doch wie lieb war ihm diese Aufgabe! Wenn er die Augen schloss, sah er die Bilder alle vor sich.

Ein solches Kind hatte er noch nie gesehen. Immer wieder hatte ihn die Mutter liebevoll angesehen und mit Sanftmut dankbar gestreichelt. Selbst die Könige aus dem Morgenland hatten ihm Anerkennung ausgesprochen, und der Zimmermann hatte sorgfältig seine Hufe gereinigt. Das tat gut. Er wäre am liebsten mitgezogen nach Ägypten. Nun stand er hier allein und verlassen im Stall. In seinem Herzen war es so hell, wenn er an das Kind dachte. Im Abschied hatte es ihn so gütig angesehen. Als es sich zum Schluss noch einmal umblickte, strahlte ihm das Versprechen ewiger Erinnerung entgegen.

So war zwischen ihnen ein Bund geschlossen worden für die Ewigkeit. Vieles musste der Ochse aber erst verstehen. Wie selbstverständlich hatte er den Dienst an der Krippe gemeinsam mit dem Esel übernommen. Er wusste nicht, dass sich in seiner Treue die Verheißung des Propheten Jesaja erfüllt hatte. Schon vor langer Zeit hatte dieser den Ochsen gepriesen, weil er seinen Herrn kennt. Natürlich kannte er seinen Herrn, genauso wie auch der Esel. Für einen Ochsen und für einen

Esel sind manche Dinge viel einfacher als bei den Menschen. Sie hatten sofort begriffen und nicht gezögert.

Ohne die Zeilen der Prophetie zu kennen, fühlte sich der Ochse unendlich wohl bei dem Gedanken an das Kind. Sein Leben sollte Tag für Tag in seinem Dienst stehen. Jeder hat eben seinen Platz. Der Esel auf seinem Weg zu den Pyramiden und er hier im Lande Juda. So ließ er sich bereitwillig anspannen und beugte sich unter das Joch, als wolle er damit dem Herrn die Ehre geben. So lebte er seine Zeit für das Kind. Jede Last nahm er auf sich und jeden Wagen zog er ohne Murren.

Als seine Kräfte dann nachließen und seine Zeit gekommen war, erschien ihm im Traum der Esel. Auf seinem Rücken erkannte er den Herrn. Dann hörte er seine Worte und wagte seinen Traumohren nicht zu trauen. Nehmt mein Joch auf euch und lernt von mir, denn ich bin sanftmütig und demütig, und mein Joch ist leicht. Er hatte ihn nicht vergessen. Der große König hatte ihn nicht vergessen. Die Botschaft, die der ganzen Welt und allen Menschen Hoffnung und Rettung bringen sollte, wurde dem Volk im Bild des Ochsenjoches erklärt.

Er hatte ihn nicht vergessen. Als er am Abend im Stall einschlief, war es ganz warm und ganz hell, und in einem hellen Glanz hörte er die Engel singen.

Jürgen Kuhn

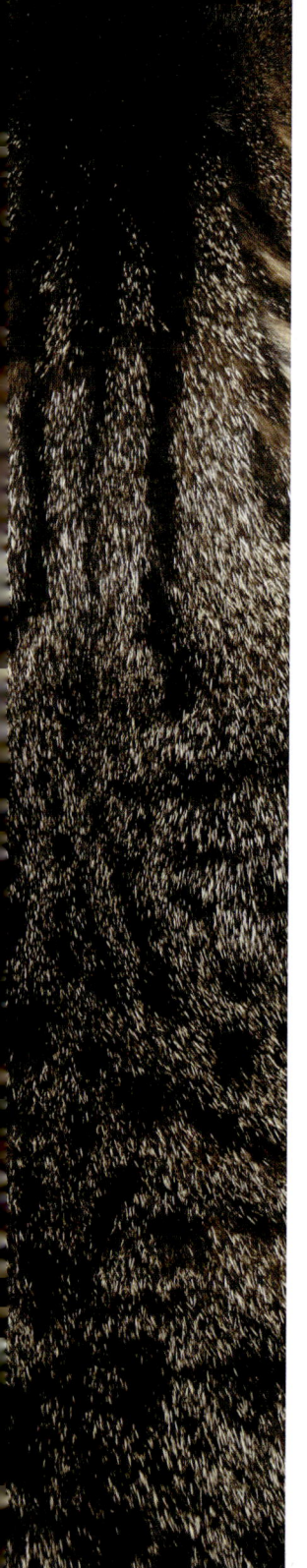

Danebengedacht
Falsch reagiert
Offenbares missverstanden
Fehler!

Zu spät gekommen
Zu schwach gewesen
Offensichtliches missdeutet
Fehler!

Den richtigen Augenblick
verpasst
den richtigen Augenblick
verschlafen
Offenkundiges misslungen
Fehler!

Und da hat ein Kind
die Welt mit
ihren Fehlern
und mit ihrer Schuld
mit Gott versöhnt.

Steh auf und geh!

DIE KATZE AN DER KRIPPE

In der Heiligen Nacht berührte der Himmel die Erde. Als unser Herr Jesus als Kind in einem Stall zu Betlehem im Lande Juda geboren wurde, war Frieden auf der ganzen Welt. Die Luft war erfüllt vom Gesang der Engel. Die Hirten kamen mit ihren Schafen und Hunden. Maria und Josef waren da, und in der Krippe lag der Herr der Welten.

Obwohl alle gekommen waren, gab es kein Gedränge. Aber es war hell und warm. Alles war so heilig und so friedvoll, dass selbst die Stallmaus von Betlehem, die sonst sehr ängstlich und scheu war, aus ihrem Versteck hervorkam, um mit den anderen einfach dabei zu sein. Da huschte sie nun mit ihrer Spitznase und den braunen Knopfaugen auf ihren dünnen Beinchen um die vielen Füße herum zur Krippe.

Der kleine Herr hatte mit großer Macht alle Herzen bewegt. Aus vollem Halse sang die Maus die Loblieder der Engel mit und hatte jede Gefahr vergessen. Wie schön war diese Nacht!

Nur der alte Kater hatte von alledem nichts mitbekommen. Er lag zunächst an seiner gewohnten Schlafstatt und hatte sich gemütlich eingerollt. Als er wach wurde, reckte er sich, wischte mit seiner Zunge über den Katzenmund und dachte, dass es Zeit für eine Abendmahlzeit sei. Er wusste ja nicht, was geschehen war. So betrat er den Stall.

Ein kurzes Befremden über die Ansammlung wich schnell der Witterung einer leichten Beute. Da war doch die Stallmaus aus ihrem Loch herausgeklettert. Wie dumm! Längst hatte der Kater die Jagdstellung eingenommen und war zum Sprung bereit. Da rief im allerletzten Augenblick ein Lämmlein der Maus eine Warnung zu. Und während der Kater schon mit den

Krallen zum Schlag ausholte, sprang die Maus mit einem Satz in die Krippe.

Das Kind lächelte und auch die Mutter und der treue Josef. Hier oben konnte der Maus nichts geschehen. Der Kater begriff mit einem Mal, was er getan hatte. Dicke Tränen rollten über sein Gesicht. Maria aber nahm ihn auf den Arm und streichelte ihn. Der Kater blickte sie dankbar an und ging dann seiner Wege. Zur Entschuldigung solle man seinen Namen aus der Heiligen Schrift streichen. Dann war er auch schon verschwunden. So kommt es, dass in der Bibel nicht an einer Stelle die Katze erwähnt wird.

Doch bevor die Katze in die Heilige Nacht hinausging, hatte das Kind ihr zugelächelt, und es lag ein Versprechen im Gesicht des Gottessohnes: Im Himmel wird für sie ein Platz bereit sein. Und immer, wenn ein Herz sich wieder dem Guten zuwendet, soll für den Kater und die Katzen neuer Himmelplatz entstehen. Das wissen aber nur die Eingeweihten und die, die in dieser Nacht dabei waren, und natürlich alle Katzen und auch alle Kater.

Britta Grothues

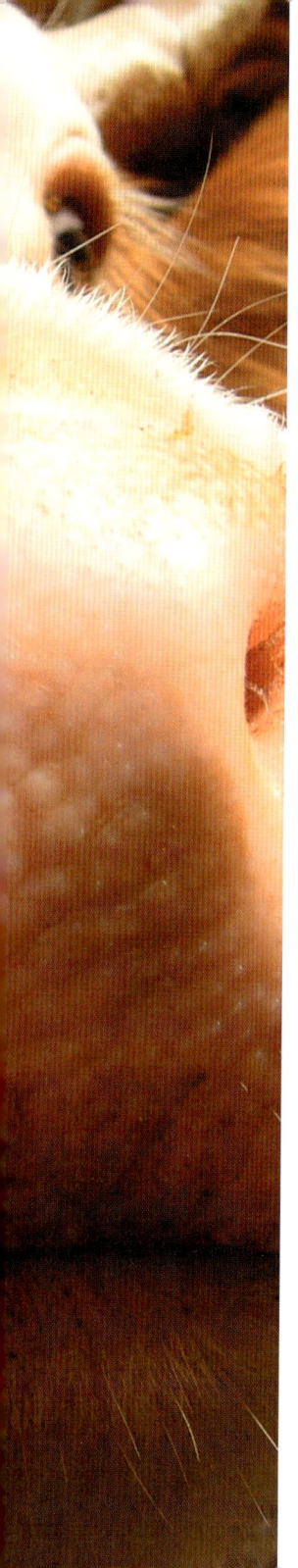

Sie sind überall
die Wärmespender
die Lastenträger
die Unauffälligen
die Hilfs-Bereiten

Sie sind einfach da
die Lebensretter
die Mitfühlenden
die Leisen
die Achtsamen

Sie sind zur Stelle
die Ansprechbaren
die Rücksichtsvollen
die Nachdenkerinnen und
die Nachdenker
die Mit-Menschen

DER OCHSE IM STALL

In Rom herrschte damals der große Kaiser Octavianus Augustus. Auf sein Geheiß hin sollten sich alle im Land zur Volkszählung in ihre Vaterstadt begeben. Damals lebte in Nazaret eine Familie mit vielen Verwandten. Auch sie mussten aufbrechen, um sich eintragen zu lassen. Sie alle stammten aus der Stadt Davids, die Betlehem heißt. Nun liegt Betlehem nicht eben nebenan. Von Nazaret bis dorthin waren es bei gutem Tempo sieben Tagesreisen, rund einhundertvierzig Kilometer.

Viele Vorbereitungen waren zu treffen. Denn sieben Tage hin und eine Zeitlang dort und sieben Tage zurück wollten bei einer so großen Gruppe wohlbedacht sein. Irgendwann ging es dann auch los. Der brave Ochse Aleph wurde vor den beladenen Karren gespannt, und die lange Reise konnte beginnen.

Aleph war ein gutes Tier. Mit ihm kamen sie leicht voran. Abends nahmen sie zum Mahl und für die Nacht Vorräte und Brauchbares vom Wagen. Es war eine schöne Zeit. Am vierten Tag lag schon die Hälfte des Weges hinter ihnen.

Um die Mittagszeit hielten sie Ausschau nach einem Rastplatz. Da sahen sie eine kleine Gruppe völlig erschöpft im Schatten eines Baumes. Es waren ihre Nachbarn, Josef, der Zimmermann, und seine Verlobte, Maria, die ein Kind erwartete. Mit einem Esel waren sie aufgebrochen. Der Mann trug die sieben Sachen, und Maria, kurz vor der Niederkunft, wurde von dem kleinen Graubruder getragen. Die tagelangen Wege hatten sie an das Ende der Kräfte gebracht.

Da hob ein freundliches Grüßen an. Vorräte wurden geteilt und einander ein liebes Shalom gesagt. Nach der Pause saß Maria auf dem Ochsenkarren. Der kleine Esel Chamor trug eine leichte Last und konnte neue Kräfte sammeln. Aleph aber zog den Wagen mit Maria und fühlte in sich ein warmes Herzklopfen.

Als sie schließlich die Davidsstadt erreichten, waren alle Unterkünfte überfüllt. Zur Verfügung stand nur ein Stall am Rande der Stadt. Chamor und Aleph war das recht. Frisches Heu und Wetterschutz waren nach ihrem Geschmack. Ihr Atem sorgte für angenehme Wärme und wurde bei der Geburt des Kindes zur Herzwärme. Der Ochse und der Esel waren ganz nah dabei und atmen bis heute Herzwärme in eine bisweilen viel zu kalte Welt.

Jürgen Kuhn

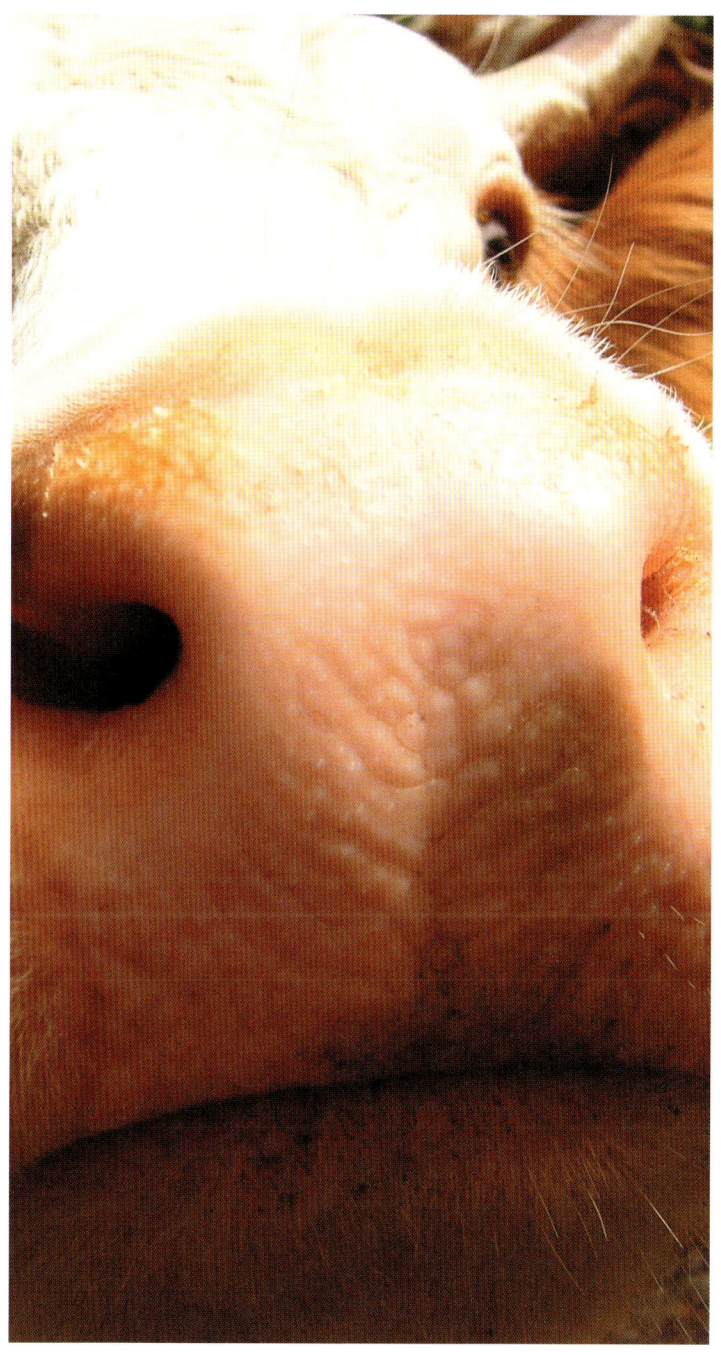

Ach, diese alten Geschichten!
Mit ihrem Staub
aus alten Zeiten
Mit ihren alten Worten
und Gedanken

Ein Vorwurf
an die Gegenwart?
Ein Klagen
über längst vollzogene
Veränderungen?

Die ewig junge
Weisheit
stellt Zusammenhänge
her
und lässt in ihrem
immer neuen Licht
Bedeutungen
erkennen,
die für immer
gelten.

DER ESEL IN JERUSALEM

In Jerusalem lebte einst eine Eselmutter mit ihrem Eselkind. Jerusalem war eine große Stadt, und wenn die hohen Feste nahten, kamen Menschen von überallher dorthin. Eselmutter und Eselkind standen angebunden am Wege. »So viele Menschen habe ich noch nie gesehen«, sagte der Kleine und richtete seine Ohren hoch auf. »Das wirst du noch öfter erleben«, antwortete die Mutter und berührte ihr Junges sanft mit der Nasenspitze. »Aber was sich damals ereignete, übertrifft das alles.« »Was meinst du?« Bei dem Füllen war die Neugierde geweckt.

»Das war lange vor meiner Zeit. Dein Großvater hat mir davon erzählt. Es ist wohl über dreißig Jahre her. Der Kaiser in Rom hatte eine große Volkszählung befohlen. Und da mussten alle Leute aufbrechen und sich in ihre Vaterstadt begeben. Dein Großvater lebte damals in Nazaret bei einem Zimmermann. Auch diese guten Leute mussten sich auf den langen Weg begeben. Dabei erwartete die junge Frau ihr Kind. Die Geburt war schon ganz nahe. Großvater trug sie bis nach Betlehem. Dort wurde das Kind in einem Stall geboren. Großvater hat es uns immer wieder erzählt. Plötzlich waren überall Engel und priesen Gott. Es muss ein feierlicher Augenblick gewesen sein. Mit einem Ochsen stand er ganz nah bei der Krippe und hauchte dem Kind warmen Atem zu. Der Stall war von einem hellen Licht erfüllt. Hirten waren mit ihren Schafen gekommen. Es war eine heilige Nacht.«

Der Kleine hatte aufmerksam zugehört und träumte still den Ereignissen nach: »Da wäre auch ich gern dabei gewesen.« Doch plötzlich standen Männer bei ihnen und lösten die Haltestricke. »Was tut ihr da?«, riefen die Leute vom Haus aus. Ganz geheimnisvoll antworteten die Männer: »Der Herr braucht sie.

Wir bringen sie auch wieder zurück.« Dann legten sie Kleider auf den Rücken der Eselin und ein Mann mit unendlich gütigem Gesicht setzte sich auf ihren Rücken. Der Kleine blieb ganz dicht dabei.

Frauen, Männer und Kinder am Rand des Weges hatten Palmzweige in den Händen und winkten dem Mann zu: »Hosianna!«, riefen sie immer wieder. »Hosianna dem Sohn Davids!« Sie wurden nicht müde und begleiteten voller Freude die Prozession, der sich immer mehr und immer mehr anschlossen.

Der Kleine lief staunend neben seiner Mutter. Er konnte das alles nicht verstehen. Er dachte an seinen Großvater. Es war auch hier eine heilige Zeit. So viel Frieden umgab ihn, und in seinem Eselherzen war es ihm, als trüge seine Mutter mit diesem Mann auf dem Rücken den Frieden für alle in die Welt.

Jürgen Kuhn

In den Weihnachtsgesichtern
liegt mehr
als das Suchen nach Geschenken
und das Abwägen von Preisen.

In den Weihnachtsgesichtern
liegt die
geheimnisvolle Ahnung
von Unaussprechbarem.

In den Weihnachtsgesichtern
leuchtet im
Verborgenen die Ahnung,
mehr noch,
strahlt die Sehnsucht
nach der Wirklichkeit
des Guten.

ENGELSTIMMEN

Eigentlich geschah damals in Betlehem etwas ganz Alltägliches. Mitten in der Nacht wurde ein Kind geboren. Ungezählte Kinder kamen in dieser Nacht zur Welt. Aber dort im Stall kam der Sohn Gottes in die Zeit und in den Raum der Menschen.

In dieser Nacht hat Gott sein Wort gehalten. Denn sein Wort wurde als Menschenkind von einer Frau geboren. Durch einen Engel hatte sie von Gott die große Botschaft empfangen. Und durch einen Engel hatte ihr Mann den Auftrag erhalten, beide zu hüten wie seinen Augapfel. So war der Stall erfüllt von der Lichtfülle der Gegenwart Gottes. Sie ergriff alle Anwesenden: Hirten, Schafe, Esel und Ochse. Gott war ganz in ihnen, und das Kind segnete diese Heilige Nacht. Alle Zeuginnen und Zeugen dieses großen Augenblicks waren berührt von der Liebe Gottes und verstanden die Bedeutung jenes Geschehens von Betlehem. Sie waren gekommen, um sich auf Geheiß des römischen Kaisers zählen zu lassen. Doch keine Zahl der Welt konnte den Wert dieser Sternstunde bemessen und angeben.

In solchen Augenblicken öffnet die Wahrheit die Sinne der Seele. In der Nähe Gottes werden die Engel sichtbar und hörbar. Das wird allen Schwestern und Brüdern zuteil, die der Liebe und dem Frieden Tür und Tor öffnen. Darum verändert noch heute das Weihnachtsfest die Gesichter der Menschen. Denn sie tragen eine Sehnsucht in sich, die zu bestimmten Zeiten durch die Maske ihres Alltagsgesichtes schimmern darf. Dann halten sie das Gute für möglich und träumen Engelgedanken und wünschen sich so sehr den Frieden und die Liebe, dass ihr Herz erfüllt ist vom Engelklang der Heiligen Nacht.

Jürgen Kuhn

Es war die Freude
über die Geburt des Kindes,
in dem die Ebenbildlichkeit
mit Gott für alle Menschen
aus der Vergessenheit in eine
neue frohe Botschaft kam,
die jenen Engeln
jenen Weihnachtsjubel
auf die Lippen legte.
Sie alle,
alle Menschen aller Zeiten,
durften neu erkennen,
dass sie die Töchter und die Söhne
Gottes sind,
sie alle und für immer.

EINER JENER ENGEL

Im Traum begegnete mir einer jener Engel aus den himmlischen Heerscharen von Betlehem. Auf seinen Lippen und in seinen Augen lag noch der Jubel der Heiligen Nacht. Mit einem Engelblick sah er mich an und hatte längst mein Staunen und mein Fragen wahrgenommen. In einem feierlichen Schweigen ohne Worte gab er mir zur Antwort eine lichterfüllte Freude. Die Engel dort im Stall zu Betlehem jubilierten vor gottgeschenkter Lebensfreude. Im Traum verstand ich diesen Freudengrund.

Das große Himmelsheer der Engel steht treu und zuverlässig über alle Zeit hinaus im Dienst der Werke, der Gedanken, der Nachrichten und Botschaften des einen Gottes. Wir Menschen aber sind geschaffen als sein Ebenbild. Als seine Töchter und als seine Söhne rief er uns in seine Schöpfung. Und dort in dieser Nacht zu Betlehem wurde in diesem kleinen Kind für alle Menschen die Erinnerung der Ebenbildlichkeit zu Gott in ewiger Gültigkeit wachgerufen.

Längst war die große Hoffnung in Vergessenheit geraten. Die Menschen sind Gott ähnlich. Sie sind sein Abbild. Sie sind göttlich mit einem Herzen voller Frieden, voller Seelenstärke, voller Liebe. Da hielt es keinen Engel mehr zurück. Aus dieser Freude wuchs ein Jubel und trug eine Melodie aus Licht und Göttlichkeit in alle Welt und alle Schöpfung.

Detlef Kuhn

NACH-GEDANKEN

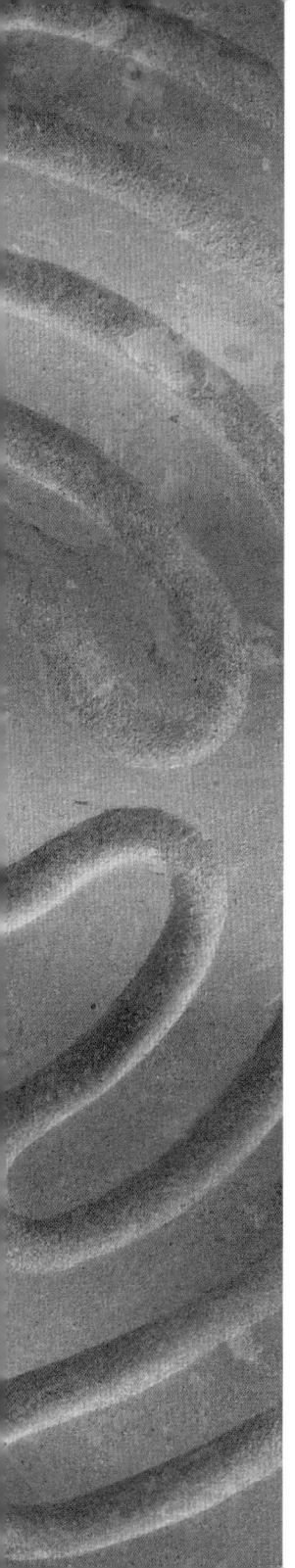

Aus lebloser Materie
entstand ein Glaube
an die Schöpfung und den Schöpfer.

Aus geistloser Materie
erwuchs der Glaube
an den Geist und seine Gaben.

Aus haltloser Materie
ergab sich eine Hoffnung,
ein wunder-volles Lichtsignal für alle.

DAS LABYRINTH

Seit vielen Lebensjahren irrte ein Mensch durch ein Labyrinth. Mit zahlreichen Sackgassen und Umwegen hatte er seine Erfahrungen gemacht und sie gesammelt. Er kannte die Last einer Enttäuschung und die Freiheit einer neuen Hoffnung. So ging er durch seine Zeit. In seinen Gedanken versuchte er, die Gänge in eine Ordnung zu bringen. Doch alle Bemühungen verloren sich in der Weite und der Enge der Wege. Am Ende wurde er müde. Jeder nächste Schritt wurde zur Qual. Da fand er einen Vorsprung und setzte sich darauf fest. Hier wollte er bleiben.

Er hatte weite Strecken zurückgelegt. Und doch erschien es ihm nun kurz und unbedeutend. Da kam ein anderer daher. Sein Schritt war fest und zielgerichtet. »Wohin gehst du?«, fragte der Sitzende. »Ich gehe weiter«, erhielt er zur Antwort. »Aber wohin gehst du? Was ist dein Ziel?« »Ich gehe den Weg aus dem Labyrinth hinaus!« »Den Weg aus dem Labyrinth hinaus?«, flüsterte ungläubig der Sitzende. »Ich denke und ich glaube, dass dieses Labyrinth einen Ausgang hat. Dorthin gehe ich. Ich will sehen und wissen, wie es dort ist.« Der Sitzende hatte sich erhoben: »Dieser Ausgang ist unmöglich. Darum denke und glaube ich nicht an ihn.« »Aber du kannst ihn denken, und ich kann ihn denken«, erwiderte der andere schon im Weitergehen.

So näherten sich zwei Menschen dem Ausgang ihres Labyrinths. Sie gingen schweigend. Doch in ihren Herzen wuchs die Hoffnung, dass es etwas geben muss, das zu schön erscheint, als dass es wahr sein könnte, und wenn es nur ein armer Stall in einer kleinen Stadt ist, der für die ganze Welt zum Hoffnungstor in eine grenzenlose Freiheit wird.

Detlef Kuhn

Wer kommt,

der gilt –

weil jeder

und weil jede

einmalig und einzigartig ist.

Wer kommt,

der gilt –

weil jede

und weil jeder

unaustauschbar und besonders ist.

Wer kommt,

der gilt –

weil jeder

und weil jede

gotterfunden und berufen ist.

Wer kommt,

der gilt,

weil jede

und weil jeder

Schwester oder Bruder ist.

84

WER KOMMT, DER GILT

Im Traum hatte er seine vertraute Umgebung verlassen. Er war ein ganz normaler Mensch. Eigentlich war in seinem Leben alles normal. Doch nun befand er sich auf einem ganz besonderen Weg. Es war kalt. Schnee bedeckte Wege und Felder. Hinter ihm lag seine eigene Spur. Vor ihm breitete sich eine unberührte Landschaft aus.

Alles war anders. Seine normale Familie erschien im Licht seiner Gedanken neu und fremd. Sein normaler Beruf und seine normalen Untergebenen zeigten ihm unbekannte Zeichen und Gesichter. Seine ganz normale Welt erschien ihm im Farbenglanz einer Neuentdeckung. Alles war plötzlich wertvoll und neu und einzigartig. Tief in sich fühlte er das Ziel seiner Traum-Wanderung.

Er näherte sich Schritt um Schritt dem Tor des Himmels. Gern hätte er sich vorbereitet. Aber wer ist schon auf den Himmel vorbereitet? Würde man ihm öffnen? Würde man ihn aufnehmen? Lebensfragen schwirrten durch seinen Kopf. Doch schon hatte er das Ziel erreicht. Er stand vor der mächtigen Pforte des Himmels. Tief in sich fühlte er, dass sein Weg noch nicht zu Ende war. Er musste zurück in sein Leben. Schon im Umkehren gewahrte er eine uralte Inschrift: Qui venit, valet. Er verstand und prägte die Worte in sich ein: Wer kommt, der gilt!

So erwachte er aus seinem Traum. Am nächsten Tag brachte er an seinem Haus und in seinem Leben ein neues Schild an. Darauf stand in deutlichen Lettern geschrieben: Wer kommt, der gilt!

Jürgen Kuhn

Jeder Augenblick
kommt nur ein einziges Mal.
Jede Zeit ist ein
Einzelstück.
Jeder Gedanke
hat eine Bedeutung.
Jedes Wort
geht eigene Wege.
Jeder Blick
hat eine Wirkung.
Jedes Leben ist
ein Kunstwerk,
ist ein Mosaik
aus Möglichkeiten
und Gelegenheiten
und Gegebenheiten.

DIE EINMALIGE CHANCE

Schon bei der Firmenübernahme war ihm der Geschäftsführer seines Vaters ein Dorn im Auge. Bald hatte er einen Entlassungsgrund gefunden. Es war Winter. Pünktlich wurde er von seinem Fahrer abgeholt. Er hatte die Entscheidung für diesen Tag getroffen.

Während der Fahrt vertiefte er sich auf dem Rücksitz in seine Akten. Der Weg war vertraut. An einem Bahnübergang geschah es. Ein kleiner Fehler hatte die Warnanlage lahmgelegt. Die Schranke war geöffnet. Das Blinklicht blieb dunkel. Der Fernzug raste heran. Ungeheure Kräfte schossen aufeinander zu. Es dauerte nur wenige Augenblicke. Die Bahn zischte heran. Der Wagen überquerte die Gleise. Um die Breite des kleinen Fingers kam er mit dem Leben davon.

Im Dunkel des Wintermorgens verloren sich die Schlusslichter des Zuges. Die Fahrt ging weiter. Er lebte. Das Klopfen des Herzens ging bis in den Hals. Er zitterte. So erreichten sie das Ziel. Auf dem Dach seines Verwaltungsgebäudes leuchtete ein Weihnachtsbaum. Der Chauffeur lenkte die Limousine auf das Gelände. Der Wachmann grüßte ehrerbietig. Dann stieg er aus. Er spürte die Schwäche seiner Beine. Anders als sonst, gab er dem Fahrer zum Dank die Hand. Anders als sonst, grüßte er den Wachmann persönlich. Anders als geplant verlief das Gespräch mit dem ungeliebten Geschäftsführer. Um ein Haar hätte er sein Leben für immer verloren. Diese Lektion hatte ihn gelehrt, Leben zu entdecken und Leben anzunehmen. Tief in sich fühlte er, dass das Leben ihm diese Chance nur ein einziges Mal schenken würde.

Britta Grothues

Der eine hat was,
der andere hat nichts –
Der andere kann was,
der eine kann nichts –
Der eine weiß was,
der andere weiß nichts.
Der andere sagt was,
der eine sagt nichts.
Der eine sieht was,
der andere sieht nichts.
Der andere fühlt was,
der eine fühlt nichts.
Der eine denkt was,
der andere denkt nichts.
Der andere hört was,
der eine hört nichts.
Menschen

GUTMENSCHEN

In einem wohlgebildeten und gesellschaftlich hochangesehenen Kreis sprachen und lachten sie über den Gutmenschen. Mit spitzer Zunge und geübten Worten bewerteten sie die Willkommenskultur eines Volkes. Tatsächlich waren viele Menschen aus vielen Ländern aus vielen Gründen in ihr Land gekommen und baten um Schutz. Viele empfingen sie mit Herzlichkeit und Hilfsbereitschaft. Dafür erhielten sie von den anderen den Titel „Gutmensch".

So geschah es auch in jenem Kreis von wirklich freundlichen Menschen. Sie kategorisierten, analysierten, prognostizierten. Großzügigkeit kann ausgenutzt werden. Hilfsbereitschaft hat ihre Grenzen. Vertrauen kann enttäuscht werden. Wohlstand kann ins Wanken geraten. Mit wohlgesetzten Worten kultivierten sie einen Nährboden für herzlose Parolen.

In dieses Stimmengewirr hinein erhob sich einer von ihnen, fasste sich ein Herz, sein Herz, und offenbarte sich als Gutmensch. Dann verließ er die Runde. Später vertraute er sich einem Freund mit den Worten an: Du kannst dir nicht vorstellen, wie stolz ich auf mein Herz war.

Jürgen Kuhn

So Sieges-sicher
So Selbst-bewusst
So Selbst-zufrieden
So Ich-bezogen

So Wort-gewandt
So Wort-gewaltig
So Wort-reich
So Sprach-begabt

Wie Menschen-würdig
Wie Menschen-ähnlich
Wie Menschen-dienlich
Wie Lebens-freundlich

DER WELTKONGRESS

Einmal trafen sich die Halbherzigkeit und die Hartherzigkeit mit der Herzlosigkeit. Als Sachkundige waren sie zu einem Weltkongress der Lebenskünstler geladen. Dabei ging es darum, das vollkommene Kunstleben zu entwickeln. In einer Kunstwelt sollten Kunststädte entworfen werden. Darin sollten Kunstmenschen sein.

Die drei Spezialisten hatten klare Vorstellungen. Sachlich und kompetent trugen sie die Konzepte vor. Dabei ging es zum einen um die Darlegung des evolutionären Unfugs. Zum anderen um die Beseitigung aller unproduktiven Irrläufer der Evolution. Schließlich um die rationale Fixierung des Individuums Mensch, im Weiteren Projekt genannt. Die drei mit einer perfekt funktionierenden Kunstwelt unvereinbaren A-Begriffe wurden benannt und zur vollkommenen Ausmerzung angegeben: die Ahnung von Gott, die Ahnung der Liebe, die Ahnung der Freiheit.

Da aber die Halbherzigkeit nur unverbindlich sprach und sich in keiner Weise festlegte, da aber die Hartherzigkeit ohne jede Rücksicht auf Zusammenhänge argumentierte, da aber die Herzlosigkeit das Auditorium wegen ihrer eintönigen Kälte langweilte, leerten sich die Reihen nach und nach, bis keine Menschenseele mehr übrig war.

Jürgen Kuhn

Gott
lässt keinen
Gottlosen
einfach los.

Gott
lässt von keinem
Gott-Abgewandten
einfach ab.

Gott
lässt keinen
Gefallenen
einfach fallen.

Die ganze Welt,
das ganze Universum
ist erfüllt
von Gott
und seiner Liebe.

DER HEILIGE ABEND DES GOTTLOSEN

Jeder Mensch weiß etwas von Gott. Denn jeder Mensch kann Gott denken und Gott ahnen. Jeder Mensch kann sich Gott vorstellen und sich so ein Bild von ihm schaffen.

Aber nicht jeder Mensch will etwas von Gott wissen. Darum vermeidet er die Gedanken an ihn. Einer von ihnen geht am Heiligen Abend durch die Straßen. Die ganze Stadt feiert Weihnachten. Überall leuchtet es im Festglanz. Glocken läuten. Er aber will von alledem nichts wissen. Natürlich hat er davon gehört. Er kennt die alten Geschichten und die alten Lieder. Er ist Musiker. Ein ziemlich guter Pianist. Das ist sein Leben.

An diesem Abend geht er vorbei an den Weihnachtsbäumen in den Häuserfenstern und hält Ausschau nach einer geöffneten Kneipe. Am Heiligen Abend haben die meisten geschlossen. Da sieht er hinter einer Bierreklame noch Licht. Als er den Schankraum betritt, sieht er Personen einzeln und in kleinen Gruppen an Tischen und an der Theke sitzen.

In einer Ecke steht ein überladener kleiner Baum aus Kunststoff. Künstliche Zweige, Plastiklametta und viel zu viele bunte Kugeln sollen Weihnachtsatmosphäre liefern. Er bestellt sich ein Bier und einen Obstler. Dann sitzt er an einem Tisch und will von alledem nichts wissen.

Neben ihm und greifbar nahe steht ein altes Klavier. Wahrscheinlich ist es vollkommen verstimmt. Aber es zieht seinen Blick auf sich. Nach dem dritten Bier und dem dritten Obstler steht er einfach auf und setzt sich an das Instrument. Der Deckel lässt sich öffnen. Schweigend schauen die anderen Gäste zu ihm hinüber. Der Wirt hält prüfend ein gespültes Glas gegen das Licht. Er hat nichts dagegen.

Dann beginnt er. Seine Finger gleiten virtuos über die Tasten und spielen ohne Pause ein Weihnachtslied nach dem anderen. Er kennt sie alle. Aber er will von alledem nichts wissen. Nach einer Zeit hört er auf und bittet um die Rechnung. Einer ruft ein Bravo in den Raum. Andere klatschen. Der Wirt winkt ab: »Stimmt schon.«

Als er schon den Ausgang erreicht hat, steht einer auf und sagt: »Danke, das war richtig schön. Das hat gutgetan.« Dann geht er. Vielleicht findet er noch eine Gelegenheit für einen kleinen Abendimbiss. »Verdammt«, denkt er, »ich will von alledem nicht wissen. Aber eben war mir, als wäre dieser Gott einfach in mir.

Detlef Kuhn

AUFBLICKEN
UND ANKOMMEN

Oh, diese Wichtigmenschen!
In ihren Kostümen,
Uniformen,
Ehrentiteln,
Stellungen
und Jahrgängen!

Sie spielen eine Rolle
und geben an
und geben vor
und stellen dar
und bilden die Kulisse
ihrer eigenen Märchenwelt.

Dabei sind sie
in hohen Würden
und hochgeboren
und hochgeadelt
und hochbegütert
und hochgeachtet
und hocherhoben
im Letzten.

Menschen –
wie alle anderen!

DER NIKOLAUS

Als Kind beeindruckten mich viele Menschen sehr. Es waren weniger die Großen der Gesellschaft. Es waren eher die Alltagsgestalter. Dazu zählten vor allen Dingen die Verkehrspolizisten. Das waren die Schutzmänner. Damals waren Ampeln noch selten. Ihren Gesten und Zeichen folgten alle Verkehrsteilnehmer. Am Heiligen Abend legten sie sogar kleine Präsente oder auch Weihnachtspäckchen für sie ab. Damit dankten sie diesen Helden für ihren zuverlässigen Dienst bei Wind und Wetter. Die Schutzmänner waren groß und mächtig und verfügten über eine Trillerpfeife. Das waren für mich sehr wichtige Leute.

Zu den sehr wichtigen Leuten zählte auch der Schaffner in der Straßenbahn. Er zog an einer Leine und gab den Klingelstart zur Abfahrt. Dann ging er durch die Reihen und verkaufte Fahrscheine. Vor seinem Bauch trug er einen Geldbehälter, dem er auf Fingerdruck die verschiedensten Münzen entnehmen konnte. Wie der Polizist trug auch er eine Uniform. Er trug die Straßenbahnschaffneruniform. Der Schaffner war ein sehr bedeutsamer Mann.

Dazu zählte ganz bestimmt der Schornsteinfeger. Der tanzte mutig auf den Dächern und konnte sich nach Lust und Laune schmutzig machen. Alle grüßten ihn, denn er brachte Glück. Der Schornsteinfeger, den man auch den Kaminkehrer nannte, war ein sehr wichtiger Mensch. Er trug die schwarze Kaminkehrerkleidung und auf dem Kopf einen Zylinder. Ich habe ihn sehr bewundert.

Doch vor allen Dingen zählte für mich der Nikolaus vor dem großen Kaufhaus in der Stadt dazu. Damals hatten die Werbeweihnachtsmänner noch keinen Einfluss auf die Vorweihnachtszeit. Der Nikolaus in der Stadt war sehr wichtig. Er klingelte mit einer Glocke und verteilte an die Kinder Geschenke. Ich war noch ziemlich klein und beobachtete ihn aus der Entfernung. In den Wintermonaten durften wir Kinder immer so lange draußen bleiben, bis die Laternen angingen. Doch für diesen Tag hatte ich mir mit allerlei Ausreden eine Sondergenehmigung errungen.

Natürlich wusste ich, dass dieser Nikolaus nicht *der* Nikolaus war. Er war verkleidet und das nicht einmal besonders überzeugend. Doch es war wie ein Märchen, welches ich gern gelten lassen wollte. Aber Jungen, die nach Hause kommen müssen, wenn die Laternen angehen, sind auch sehr neugierig. So versteckte ich mich an diesem Dezembernachmittag hinter einem Baum und wartete darauf, dass der Nikolausmann nach Hause ging. Das dauerte sehr lange. Doch dann legte er den Nikolaussack über den Rücken und stapfte in die Dunkeldämmerung hinein. Unbemerkt folgte ich ihm. Wo mochte dieser so bedeutende Mann wohl wohnen? Es ging um Ecken und über Straßen und schließlich in eine Gegend, die nicht zu den vornehmen zählte.

Am Ende der Gasse hielt er vor einer Türe an. Müde schloss er auf und betrat ein Haus armer Leute. Zunächst war ich davon überzeugt, dass er dieser Familie ein wenig Adventsfreude bringen wollte. Doch dann sah ich, dass er dort wohnte.

Durch die Fenster erkannte ich eine Armut, die in den Nachkriegsjahren noch eigene Konturen trug. Der Nikolausmann und seine Frau und seine Kinder waren wirklich bettelarm. Vor dem Kaufhaus war er so groß und reich. Nun aber saß er müde an einem Küchentisch und blickte traurig in traurige Gesichter.

Am liebsten hätte ich geweint. Dann rannte ich nach Hause und kam gerade noch pünktlich an. In der Nacht schmiedete ich einen Kinderplan. Als es am nächsten Tag dann endlich so weit war, schlich ich mit einem zusammenge-schnürten Bündel aus dem Haus. Ich hatte alles an Süßigkeiten und Bilderbüchern und Gebäck hineingestopft, dessen ich mich, ohne Verdacht zu erregen, bemächtigen konnte. Zum Schluss noch hatte ich nach einem schweren inneren Kampf meinen Lieblingsfußball dazugelegt. Dann rannte ich zum Nikolausmannhaus und legte alles vor die Türe. Ganz kurz betä-tigte ich die Klingel und eilte dann, so schnell ich konnte, davon. Außer Atem kam ich zu Hause an.

Das Märchen vom Nikolausmann war damit nicht zu Ende. Am nächsten Tag stand er wieder an seinem Platz am Kaufhaus. Der Nikolausmann war sehr bedeutsam. Er hat in meinem Herzen ein Tor geöffnet, das ich nie mehr schließen möchte.

Jürgen Kuhn

Liebes Christkind,
lass die Wartezeit auf dich
doch bitte nicht zu lang werden.
Die Stunden bis zu
deinem Kommen sind so lang
und dauern Kinderewigkeiten.
Die Spannung steigt
ins Unermessliche.
Der Baum, geheimnisvoller
Kerzenschein, ein Glockenklang!

Liebes Christkind,
komm doch endlich,
denn ich warte sehr auf dich.

BOLZEN, BIS DAS CHRISTKIND KOMMT

Vor sechzig Jahren spielte ich in einem kleinen Fußballverein. Dort jagte ich dem Ball bis zu meiner Priesterweihe nach. Meine Begeisterung war viel größer als mein Talent. Gern denke ich an diese Jahre im schwarzgelben Trikot zurück. Besonders eine Begebenheit ist mir in Erinnerung geblieben.

Immer am 24. Dezember veranstaltete unser Trainer ein Spiel gegen den Nachbarverein. So trafen wir uns am Morgen des Heiligen Abends und kämpften, als ginge es um die deutsche Meisterschaft. Im Verein nannten wir diese Spiele immer: Bolzen, bis das Christkind kommt. Unsere Eltern hatten Zeit für die weihnachtlichen Vorbereitungen. Für uns Jungen war die Wartezeit bis zur Bescherung mit einer wunderschönen Angelegenheit verkürzt.

So ertönte der Anpfiff. Es war bitterkalt. Der Boden war fest gefroren. Doch unsere Herzen brannten vor Begeisterung. Dann geschah es. Gegen Ende der ersten Halbzeit wurde der Ball hoch von der rechten Seite in den gegnerischen Strafraum geflankt. In vollem Tempo stürmte ich in das Getümmel und erzielte zum allgemeinen Jubel das Führungstor. Wir tanzten vor Freude über den Platz. Alle gratulierten mir und klopften anerkennend auf meine Schulter.

Doch mir war das Herz am Morgen des Heiligen Abends schwer wie Blei. Ich hatte das Tor mit der Hand erzielt. Nur ich wusste das. Schon rief der Schiedsrichter zum Mittelpunkt. Das Spiel sollte weitergehen. Ich stand da und dachte an das Tor und dann wieder an den Heiligen Abend. Mit einer Lüge wollte ich nicht bolzen, bis das Christkind kommt. Da rannte ich zum Unparteiischen und erzählte ihm die Wahrheit. Der war ein strenger Mann. Noch heute höre ich seinen Pfiff. Der Ball wurde in den Strafraum zum Freistoß zurückgelegt. Dann wurde ich herbeigerufen und des Feldes verwiesen. Wie angewurzelt stand ich da und verließ dann traurig und niedergeschlagen den Platz. Es war sehr kalt. Nur mit Mühe konnte ich meine Tränen zurückhalten.

Doch da geschah etwas Wunderschönes. Beide Mannschaften hatten mein Geständnis mit angehört. Und plötzlich verließen alle mit mir den Platz. Da wurde mir sehr warm ums Herz. So viel Freundschaft am Heiligen Morgen!

Der Schiedsrichter hatte ein Einsehen und begnadigte mich. So ging das Weihnachtsspiel weiter. Am Ende trennten wir uns torlos. Aber es lag so viel Weihnachten in der Luft, als wäre das Christkind selber unser Mittelstürmer gewesen.

Jürgen Kuhn

In Kinderherzen
liegt die Ahnung
von dem Wunder
sternenweiter
Wirklichkeiten.

Ein unstillbarer Durst
nach Frieden und Geborgenheit,
ein Hunger nach
der Wahrheit
des unendlich Großen.

Sie nehmen alles
in sich auf
und leben im Vertrauen auf
einen Engel an der Seite,
auf Gott mit einem
Liebe-vollen Blick für alle.

DIE KATASTROPHE AM 24. DEZEMBER

Es ist das Jahr 1954. Am 4. Juli war die deutsche Fußball-nationalmannschaft um ihren Kapitän Fritz Walter gegen Ungarn Weltmeister geworden. Im Sommer hatte ich meinen sechsten Geburtstag gefeiert. Dann kam der Winter und mit ihm der Advent. Damals war es noch so, dass wir Kinder in dieser Vorbereitungszeit auf das Weihnachtsfest auf alle Süßigkeiten verzichteten und uns im Guten besondere Mühe geben sollten.

Die Erwachsenen erzählten uns, dass jede gute Tat einen weichen Strohhalm für das Jesuskind in der Krippe bedeutete. Also sammelten wir um die Wette durch gute Werke mancher Art Strohhalme für den kleinen Herrn von Betlehem. Am Anfang ging das auch ganz gut. Ich stellte mir das Strahlen des Gotteskindes in der warmen, gemütlichen Krippe vor, die mit meinen Gute-Tat-Strohhalmen wohlausgestattet war. Aber auch der Advent kennt seinen Alltag. Und für einen sechsjährigen Jungen gehen bisweilen auch die besten Vorsätze aus den Gedanken verloren.

Zwar erinnerte mich der Adventskalender mit seinen Zahlentörchen an das nahende Fest. Doch in der Meinung der Erwachsenen schmolz mein guter Vorrat an Krippenstrohhalmen zusehends. Der lieben Familie Hurlebusch hatte ich mit meinen Kumpanen zum großen Erschrecken der Großmutter einen riesigen Schneemann vor die Haustüre gestellt. Der pensionierten Studienrätin Frau Doktor Tippegei hatte ich einige Schneebälle gezielt in das zum Lüften geöffnete Schlafzimmer geworfen, um nur einige meiner vorweihnachtlichen Schandtaten zu erwähnen.

So brach der 24. Dezember an. Gleich nach dem Erwachen verließ ich mein Bett und eilte zu meinem Adventskalender. So lange hatte ich auf diesen Augenblick gewartet! An den vorhergehenden Tagen waren kleine Bildchen mit Kerzen, Spielzeug und Tannenzweigen erschienen. Doch heute musste das ganz große Bild aufleuchten. Das wusste ich ganz genau und freute mich auf die Heilige Familie mit Maria und Josef und dem Kind in der Krippe. Darum herum Ochse und Esel, Schafe und Hirten, jubilierende Engel und ein himmlisches Strahlen. Doch selbst heute fällt es schwer, mein Entsetzen zu beschreiben, als ich die beiden Türhälften dieses bedeutsamen Kalendertages öffnete.

Vorsichtig schob ich meinen Finger in die Törchenspalte und öffnete beide Seiten ganz behutsam. Ein wenig von der feinen Silberverzierung haftete an meiner Hand. Doch mir war es frostkalt bis in die Herzwurzelspitzen. Vor meinen Augen offenbarte sich eine Leere. Kein Bild, kein Stall, keine Krippe!

Der 24. Dezember war leer. Ein weißer, trostloser Fleck. Das war die Strafe für meine Untaten während der Adventszeit und wahrscheinlich während des ganzen Jahres. Keine Strohhalme, nur ein entsetzlicher weißer Fleck. Ich zitterte am ganzen Körper und verschloss die Adventskalendertürhälften mit der Zahl 24, so schnell ich konnte.

Niemandem erzählte ich davon. Wie sollte da für mich noch Weihnachten werden? Nach dem Frühstück machte ich mich auf den Weg zum Pfarrhaus. Dort wohnte unser betagter Pastor. Von ihm erhoffte ich mir Rat und Hilfe. Den Adventskalender hielt ich in der linken Hand und mit der rechten betätigte ich die Türklingel. Nach kurzem Warten öffnete die Haushälterin, Frau Rutemeier, und fragte mich verwundert, was ich denn am Heiligen Morgen so früh wolle. Ich wollte den Herrn Pastor sprechen, dringend. Frau Rutemeier sah nachdenklich zu mir herunter und führte mich dann in das ehrwürdige Pfarrhaus.

Dann kam der Pfarrer, und ich schilderte ihm, was geschehen war. Der Pfarrer war ein gemütlicher und gütiger Priester. Er stützte sein Kinn in die rechte Hand und wiegte den Kopf nachdenklich hin und her. Dann nahm er meinen Adventskalender und öffnete die beiden bewussten Türhälften. Er bot mir einen Sitzplatz an und begab sich an seinen Schreibtisch. Dort malte er zu meinem Erstaunen mit geschickten Strichen ein wunderschönes Bild vom Stall in Betlehem, und mein Herz tanzte vor Erleichterung und Freude. Nun konnte Weihnachten werden. Ich fühlte in mir ein strahlendes Weihnachtsglück. Zum Abschied gab er mir einen Gedanken mit auf den Weg. Seine Worte klingen bis heute nach.

Damals als kleiner Junge verstand ich, dass Weihnachten nur dann werden kann, wenn der kleine Herr von Betlehem, der Sohn des allmächtigen Gottes, auch in mir geboren wird. So ging ich nach Hause und öffnete alle meine Herztüren und Herzfenster, um IHM ein herzliches Willkommen zu geben.

Jürgen Kuhn

109

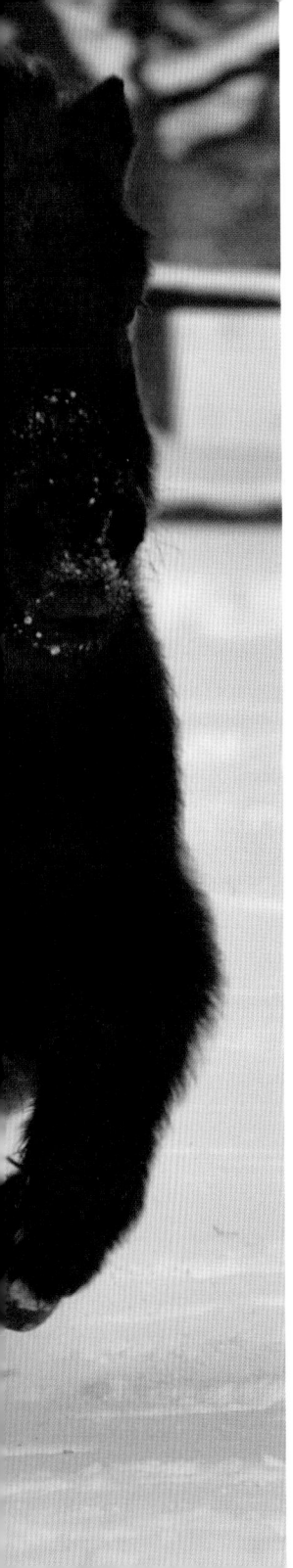

Ein Weihnachtssegen
für alle Kinder
aus Licht, Geborgenheit
und hellem Lachen.

Ein Weihnachtssegen
für alle Jungen
aus Hoffnung, Liebe
und geglücktem Leben.

Ein Weihnachtssegen
für alle Alten
aus Weisheit, Wärme
und umfassender Gesundheit.

Ein Weihnachtssegen
für die ganze Welt
aus Frieden, Gerechtigkeit
und erdumspannender Versöhnung.

EIN KLEINER AUSREISSER

Gerade komme ich aus der Frühmesse im Nachbardorf. Nach den Festlichkeiten am Heiligen Abend scheint die Welt an diesem grauen Weihnachtsmorgen noch zu schlafen. Wie ein Band schlängelt sich die einsame Landstraße durch den Morgennebel. In Gedanken versunken lenke ich mein Fahrzeug der Heimatgemeinde entgegen. Da kommt mir auf der gegenüberliegenden Seite in vergnügtem Trab ein Pony entgegen. Mähne und Schweif wehen im Wind, und die kleinen Hufe klopfen in rascher Folge über die Straße. Kurz darauf erscheinen zuerst schemenhaft, dann immer deutlicher zwei Mädchen. Über ihre Wangen laufen Angsttränen.

Ich bleibe stehen und frage durch das geöffnete Seitenfenster nach dem Grund ihrer Sorge. Schnell berichten sie mir von den Ereignissen. Den beiden Schwestern wurde zu Weihnachten ein Herzenswunsch erfüllt. Zu ihrer grenzenlosen Freude stand zur Bescherungsstunde Ronja, die Shetland-Stute, im Stall. Sie durften in dieser Heiligen Nacht sogar bei ihrer neuen Freundin bleiben und schlossen eine Freundschaft für das ganze Leben. Am Morgen aber machte sich das kleine Pferd in einem unbewachten Augenblick auf in die Freiheit und empfand die nun entstandene Verfolgungsjagd als lustiges Spiel.

Ich rate also den beiden Geschwistern, dem Pony in aller Ruhe nachzugehen, während ich meinen Wagen wende und dem kleinen Ausreißer nachfahre. Bald habe ich Ronja überholt und halte in einiger Entfernung an. Dann steige ich aus und rupfe ein Büschel Wintergras vom Straßenrand. Ich stehe mit dem Rücken zu dem herantrabenden Pferdchen. Nun bücke ich mich nieder und gebe mit Gestik und entsprechenden Geräuschen den Verzehr dieser winterlichen Tiernahrung vor.

Ich höre, wie das Klappern der Hufe ruhiger und langsamer wird. Schließlich spüre ich den warmen Pferdeatem in meinem Nacken. Dann legt sich ein neugieriger Ponykopf über meine Schulter und bekundet eindeutiges Interesse am frischen Gras. Leicht lege ich meinen Arm um den Hals des Pferdes und fasse mit sanftem Griff die schwarze Mähne. Es ist ein schöner Augenblick. Der Ausflug ist beendet. Schon sind die Mädchen herangekommen und übernehmen mit Halfter und Führleine die Dritte im Bunde.

Ich erlebe an diesem Weihnachtsmorgen ein wunderschönes Pferdemädchenglück. An meiner Kleidung haben sie mich als Pastor erkannt und bitten mich zum Abschied noch um einen großen Segen für ihr kleines Pferd. Den erteile ich gern und weite ihn aus auf die beiden Reiterinnen, die an diesem Morgen um eine Pferdeerfahrung reicher geworden sind.

Jürgen Kuhn

Irgendwann
begann es,
sich zu regen.

Irgendwann
begann es,
aufzublühen.

Irgendwann
begann es,
zu empfinden und zu leben.

Irgendwann
begann es,
zu erkennen und zu denken.

Irgendwann
begann es,
wahrzunehmen und zu lieben.

Um Himmels willen!
Wenn die Menschen
das
wieder vergessen!

114

AN EINER RASTSTÄTTE

An einem Spätnachmittag im Advent beschloss ich nach langer Autobahnfahrt, zu einem Tankstopp und einer Tasse Kaffee an einer Raststätte anzuhalten. Der Gastraum war gefüllt mit Menschen und ihrem Stimmengewirr. In einer Ecke fand ich einen Tisch und nahm mit dem dampfenden Getränk Platz.

Da stand plötzlich ein kleiner Junge vor mir. Er mag so zwischen fünf und sechs Jahre alt gewesen sein. Ernst blickte er mich an. Dann ergriff er entschlossen den Ärmel meiner Jacke und sagte: »Du bist doch ein Pastor. Das sehe ich an deiner Kleidung.« Ich bejahte und sah fragend in die großen Augen, über die sich ein Tränenschleier legte. »Wenn du wirklich ein echter Pastor bist, dann komm jetzt mit zu meinen Eltern und sag denen, dass sie sich wieder lieb haben sollen.« Seine Hand ließ nicht locker; er zog mich durch den Raum hin zu einem Paar. Dort begegnete mir die Kälte der Unversöhnlichkeit und des Streites. Mich trafen Blicke aus Hass und Ablehnung. Nun war ich aber dem kleinen Friedensboten bis hierher gefolgt und wollte meine Mission auch erfüllen. »Guten Tag«, begann ich. »Ihr Sohn hat mich beauftragt, zu Ihnen zu kommen und Ihnen zu sagen, Sie mögen sich doch wieder lieb haben.«

Was dann geschah, werde ich nie in meinem Leben vergessen. In den Gesichtern des Paares vollzog sich eine Veränderung, als ginge die Sonne auf nach einer viel zu langen Nacht. Während sie sich anblickten, vernahm ich die Worte: »Das hatten wir vergessen.« Ich räumte meine Kaffeetasse in ein Regal und verließ die Raststätte. Am Ausgang hörte ich noch die glückliche Stimme des Jungen, der lauthals in den Gastraum rief: »Champagner!«

Jürgen Kuhn

Ein Aufatmen
geht durch die Schöpfung
bis in die Weite
einer Sternenwelt

Ein Lachen
ist hervorgebrochen
aus der Spannung
der Verlorenheit

Ein Jubel
ist erklungen
in der Freiheit
der Erlösten

DAS LACHEN VON BETLEHEM

In der Heiligen Nacht war es im Stall zu Betlehem sehr feierlich. Alle waren andächtig um die Krippe mit dem Kind versammelt. Die Sinne waren angespannt. Kaum wagte man zu atmen. Ganz still und in sich gesammelt, tauchten alle ein in das Wunder dieser Stunden. Selbst die Schafe standen ohne jeden Laut dort vor Maria und Josef und dem kleinen Jesus. Über dem Dach hüllte ein sternenklarer Winterhimmel den Ort ein mit einem Strahlen und Leuchten aus einer anderen Welt.

Wer hätte da den Zauber jener Wundernacht gestört? Wäre da nicht der kleine Hirtenjunge gewesen. Er war einfach mitgekommen. Wenn alle loszogen, wollte er mit dabei sein. Dann stand er da, stumm und regungslos. In ihm kam eine ungeheure Spannung auf. Er ahnte, dass etwas sehr Bedeutsames geschehen sein musste. Doch niemand sagte ihm, was sich in dieser Nacht eigentlich ereignet hatte. So stand er da und wusste schließlich nicht mehr ein noch aus. Und da platzte es aus ihm heraus. Er musste einfach lachen. Sein Kopf war tiefrot angelaufen, und er lachte und lachte in die Heilige Nacht. Zuerst sahen ihn die alten Hirten ernst an. Dann aber hielt es auch sie nicht mehr. Es begann ein Lachen bis nach Betlehem hinein. Und selbst die Heilige Familie mit dem Kind lächelte vergnügt in die Runde.

Warum der kleine Hirte lachen musste? Niemand hat ihn danach gefragt. Wahrscheinlich gibt es dazu auch keine Antwort. Vielleicht war das ein großes Lachen durch die Spannung eines Lebens hindurch in die Entspannung, die Befreiung für die Ewigkeit.

Britta Grothues

Britta Grothues ist Mitglied des Grund-
schulleitungsteams der Internationalen
Friedensschule Köln; 2003–2007 war
sie tätig am Lehrstuhl für Religions-
pädagogik und Katechetik der Universi-
tät Bochum, 2007–2018 als Förder-
koordinatorin an der Internationalen
Friedensschule Köln.

Detlef Kuhn ist Priester im Bistum
Essen; seine Schwerpunkte liegen in der
Liturgie, in der Sakramentenpastoral, in
Pilgerfahrten, Gemeindemission, Ver-
bands- und Jugendseelsorge.

Jürgen Kuhn ist Priester im Bistum
Essen; seine Schwerpunkte liegen in der
Liturgie, in der Sakramentenpastoral, in
der tiergestützten erlebnisorientierten
Pastoralpädagogik, in Verbands-, Schul-
und Jugendseelsorge.

VERLAGSGRUPPE PATMOS

PATMOS
ESCHBACH
GRÜNEWALD
THORBECKE
SCHWABEN
VER SACRUM

Die Verlagsgruppe
mit Sinn für das Leben

Idee und Konzeption: Maria Thomauske, Britta Grothues

Alle Rechte vorbehalten
© 2019 Patmos Verlag
Verlagsgruppe Patmos in der Schwabenverlag AG,
Ostfildern
www.patmos.de

Umschlaggestaltung: Finken & Bumiller, Stuttgart
Umschlagabbildung: Anna Nenasheva / shutterstock.com
Innengestaltung: Maria Thomauske
Satz: res extensa, Norbert Thomauske, Duisburg
Fotos: Pixabay GmbH
Druck: Finidr s.r.o., Český Těšín
Hergestellt in Tschechien
ISBN 978-3-8436-1166-4